한국환경공단

직업기초능력평가 모의고사

KB086729

	영 역	의사소통능력, 수리능력, 문제해결능력, 조직이해능력
제 1 회	문항수	50문항
	시 간	60분
	비 고	객관식 5지선다형

제1회 직업기초능력평가

1. 다음은 어느 공문서의 내용이다. 잘못된 부분을 수정하려고 할 때 옳지 않은 것은?

대한기술평가원

수신자 : 대한기업, 민국기업, 만세기업, 사랑기업, 서준기업 등
(경유)
제목 : 2015년 하반기 기술신용보증 및 기술평가 설명회 안내

〈중략〉
－아래－

1. 일시 : 2015년 8월 6일 목요일 ～ 8월 9일 일요일
2. 장소 : 대한기술평가원 대강당(서울 강남구 삼성동 소재)
3. 접수방법 : 대한기술평가원 홈페이지(fdjlkkl@dh.co.kr)에서
   신청서 작성 후 방문 및 온라인 접수
붙임 : 2015년 하반기 기술신용보증 및 기술평가 설명회 신청
   서 1부

대한기술평가원장

과장 홍길동   부장 임꺽정   대결 홍경래
협조자
시행 : 기술신용보증평가부-150229(2015.06.13)
접수 : 서울 강남구 삼성동 113 대한기술평가원 기술신용보증평가부
/http://www.dh.co.kr
전화 : 02-2959-2225
팩스 : 02-7022-1262/fdjlkkl@dh.co.kr/공개

---

① 시행 항목의 시행일자 뒤에 수신기관의 문서보존기간을 삽입해야 한다.
② 붙임 항목 맨 뒤에 ".."을 찍고 1자 띄우고 '끝.'을 기입해야 한다.
③ 일시의 연월일을 온점(.)으로 고쳐야 한다.
④ 수신자 목록을 발신명의 아래에 수신처 참조 목록으로 내려 기입해야 한다.
⑤ 일시에 요일을 표기할 때에는 목요일, 일요일이 아닌 (목), (일)로 표기해야 한다.

2. 다음 글은 사회보장제도와 국민연금에 관한 내용이다. 다음 글을 읽고 정리한 〈보기〉의 내용 중 빈칸 ㈎, ㈏에 들어갈 적절한 말이 순서대로 나열된 것은 어느 것인가?

산업화 이전의 사회에서도 인간은 질병·노령·장애·빈곤 등과 같은 문제를 겪어 왔습니다. 그러나 이 시기의 위험은 사회구조적인 차원의 문제라기보다는 개인적인 문제로 여겨졌습니다. 이에 따라 문제의 해결 역시 사회구조적인 대안보다는 개인이나 가족의 책임 아래에서 이루어졌습니다.

그러나 산업사회로 넘어오면서 환경오염, 산업재해, 실직 등과 같이 개인의 힘만으로는 해결하기 어려운 각종 사회적 위험이 부각되었고, 부양 공동체 역할을 수행해오던 대가족 제도가 해체됨에 따라, 개인 차원에서 다루어지던 다양한 문제들이 국가 개입 필요성이 요구되는 사회적 문제로 대두되기 시작했습니다.

이러한 다양한 사회적 위험으로부터 모든 국민을 보호하여 빈곤을 해소하고 국민생활의 질을 향상시키기 위해 국가는 제도적 장치를 마련하였는데, 이것이 바로 사회보장제도입니다. 우리나라에서 시행되고 있는 대표적인 사회보장제도는 국민연금, 건강보험, 산재보험, 고용보험, 노인장기요양보험 등과 같은 사회보험제도, 기초생활보장과 의료보장을 주목적으로 하는 공공부조제도인 국민기초생활보장제도, 그리고 노인·부녀자·아동·장애인 등을 대상으로 제공되는 다양한 사회복지서비스 등이 있습니다. 우리나라의 사회보장제도는 1970년대까지만 해도 구호사업과 구빈정책 위주였으나, 1970년대 후반에 도입된 의료보험과 1988년 실시된 국민연금제도를 통해 그 외연을 확장할 수 있었습니다.

이처럼 다양한 사회보장제도 중에서 국민연금은 보험원리에 따라 운영되는 대표적인 사회보험제도라고 할 수 있습니다. 즉, 가입자, 사용자로부터 일정액의 보험료를 받고, 이를 재원으로 사회적 위험에 노출되어 소득이 중단되거나 상실될 가능성이 있는 사람들에게 다양한 급여를 제공하는 제도입니다. 국민연금제도를 통해 제공되는 급여에는 노령으로 인한 근로소득 상실을 보전하기 위한 노령연금, 주소득자의 사망에 따른 소득상실을 보전하기 위한 유족연금, 질병 또는 사고로 인한 장기 근로능력 상실에 따른 소득상실을 보전하기 위한 장애연금 등이 있으며, 이러한 급여를 지급함으로써 국민의 생활안정과 복지증진을 도모하고자 합니다.

<보기>

사회보장 (광의)	사회 보장 (협의)	사회 보험	건강보험, (가), 고용보험, 노인장기요양보험
			공적연금 : 노령연금, 유족연금, (나)
		공공부조 : 생활보장, 의료보장, 재해보장	
		사회복지서비스(노인 · 부녀자 · 아동 · 장애인복지 등)	
	관련 제도	주택 및 생활환경, 지역사회개발, 공중보건 및 의료	
		영양, 교육, 인구 및 고용대책	

① 연금급여, 사회보험
② 산재보험, 장애연금
③ 사회보험, 연금급여
④ 사회보험, 장애연금
⑤ 장애연금, 산재보험

○ 법인
• 사법상의 사단법인 · 재란법인, 공법상의 법인(자치단체 포함), 정부투기기관, 정부출연기관 등
• 법인격 없는 단체나 기관 포함
○ 외국인
• 국내에 일정한 주소를 두고 거주하는 자
• 학술 · 연구를 위하여 일시적으로 체유하는 자
• 국내에 사무소를 두고 있는 법인 또는 단체
※ 제외대상 : 외국거주자(개인, 법인), 국내 불법체류 외국인 등

① 1개
② 2개
③ 3개
④ 4개
⑤ 5개

3. 다음 중 밑줄 친 부분과 가장 유사한 의미를 나타내는 것은?

한 치의 숨김 없이 <u>바르게</u> 대답해야 한다.

① 입에 침이나 <u>바르고</u> 그런 이야기를 해.
② 운동장에 선을 <u>바르게</u> 그어놓도록 해라.
③ 창문에 에어캡을 <u>발랐더니</u> 확실히 따뜻해진 듯 했다.
④ 생선 가시를 <u>발라</u> 먹어야 목에 걸리지 않는다.
⑤ 그는 양심이 <u>바른</u> 사람이라서 거짓말을 못한다.

4. 다음은 정보공개 청구권자에 대한 자료이다. 이 자료에서 잘못 쓰여 진 글자는 모두 몇 개인가?

정보공개 청구권자

○ 모든 국민
• 미성년자, 재외국민, 수형인 등 포함
• 미성년자에 의한 공개청구에 대하여 법률상 별도의 규정이 없으나, 일반적으로 미성년자는 사법상의 무능력자로서 단독으로는 완전한 법률행위가 불가능하다. 그러나 무능력자의 범위는 대체로 재산보호를 위해 설정된 것이며, 정보공개와 같은 성질의 행위는 다음과 같은 경우에는 가능하다고 본다.
–중학생 이하 : 비용부담능력이 없기 때문에 단독으로 청구하는 것은 인정하지 않으며, 친권자 등 법정대시인에 의한 청구가 가능
–고등학생 이상 : 공개제도의 취지, 내용 등에 대하여 충분히 이해가 가능하고 비용부담능력이 있다고 판단되므로 단독청구 가능

5. 다음은 '전교생을 대상으로 무료급식을 시행해야 하는가?'라는 주제로 토론을 하고 있다. 보기 중 가장 옳지 않은 것은?

철수 : 무료급식은 급식비를 낼 형편이 없는 학생들을 위해서 마련되어야 하는데 지금 대부분의 학교에서는 이 아이들 뿐만 아니라 형편이 넉넉한 아이들까지도 모두 대상으로 삼고 있으니 이는 문제가 있다고 봐.

영수 : 하지만 누구는 무료로 급식을 먹고 누구는 돈을 내고 급식을 먹는다면 이는 형평성에 어긋난다고 생각해. 그래서 난 이왕 무료급식을 할 거라면 전교생에게 동등하게 그 혜택이 돌아가야 한다고 봐.

철수 : 음… 돈이 없는 사람은 무료로 급식을 먹고 돈이 있는 사람은 돈을 내고 급식을 먹는 것이 과연 형평성에 어긋난다고 할 수 있을까? 형평성이란 국어사전을 찾아보면 형평을 이루는 성질을 말하잖아. 여기서 형평이란 균형이 맞음. 또는 그런 상태를 말하는 것이고. 그러니까 형평이란 다시 말하면…

영수 : 아, 그래 네가 무슨 말을 하려고 하는지 알겠어. 그런데 나는 어차피 무료급식을 할 거라면 전교생이 다 같이 무료급식을 했으면 좋겠다는 거야. 그래야 서로 불화도 생기지 않으니까. 그리고 누구는 무료로 먹고 누구는 돈을 내고 먹을 거라면 난 차라리 무료급식을 안 하는 것이 낫다고 생각해.

철수 : 그래, 네 말처럼 누구는 무료로 먹고 누구는 돈을 내고 먹는다면 서로 불화가 생길 수도 있겠지. 하지만 그런 걱정 때문에 무료급식을 하지 않는다고 하면, 급식비를 낼 형편이 없는 학생들이 굶는 것에 대한 책임은 네가 질거니?

① 위 토론에서 철수는 주제에서 벗어난 말을 하고 있다.
② 영수는 상대방의 말을 자르고 자기주장만을 말하고 있다.
③ 영수는 자신의 주장이 뚜렷하지 않다.
④ 위 토론의 주제는 애매모호하므로 주제를 수정해야 한다.
⑤ 철수는 영수의 의견에 일부 동의하고 있다.

6. 다음에 주어진 자료를 활용하여 '능률적인 업무 처리 방법 모색'에 대한 기획안을 구상하였다. 적절하지 않은 것은?

(가) 한 나무꾼이 땔감을 구하기 위해 열심히 나무를 베고 있었는데 갈수록 힘만 들고 나무는 잘 베어지지 않았다. 도끼날이 무뎌진 것을 알아채지 못한 것이다. 나무꾼은 지칠 때까지 힘들게 나무를 베다가 결국 바닥에 드러눕고 말았다.

(나) 펜을 떼지 말고 한 번에 점선을 모두 이으시오. (단, 이미 지난 선은 다시 지날 수 없다.)

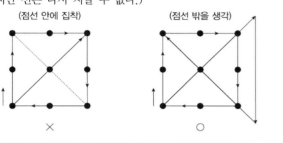

(점선 안에 집착) ×

(점선 밖을 생각) ○

(가)		(나)
날이 무딘 도끼로 나무를 베는 것은 비능률적인 일이다.	자료해석	점선 안에만 집착하면 문제를 해결하지 못한다.
↓①	↓	↓②
근본적인 원인을 찾아야 문제를 해결할 수 있다.	의미추출	고정된 사고의 틀을 벗어나는 창의적 발상이 필요하다.
	↓	
끈기 있게 노력하지 않고 좋은 결과를 바라는 업무 태도를 개선하는 데 적용한다. ③	적용 대상 모색	고정 관념에 빠져 새로운 문제 해결 방안을 모색하지 못하는 업무 태도를 개선하는 데 적용한다. ④

↓

주제 발견 : 문제의 진단과 해결 방안의 모색 ⑤

7. 다음은 시공업체 선정 공고문의 일부이다. 이를 통해 알 수 있는 경쟁 매매 방식에 대한 적절한 설명을 모두 고른 것은?

시공업체 공고문

공고 제2016-5호
○○기업의 사원연수원 설치에 참여할 시공업체를 다음과 같이 선정하고자 합니다.
1. 사업명 : ○○기업의 사원연수원 설치 시공업체 선정
2. 참가조건 : △△ 지역 건설업체로 최근 2년 이내에 기업 연수원 설치 참여 기업
3. 사업개요 : ○○기업 홈페이지 공지사항 참고
4. 기타 : 유찰 시에는 시공업체 선정을 재공고 할 수 있음

㉠ 입찰 참가자는 주로 서면으로 신청한다.
㉡ 최저 가격을 제시한 신청자가 선정된다.
㉢ 신속하게 처리하기 위한 경매에 해당한다.
㉣ 판매자와 구매자 간 동시 경쟁으로 가격이 결정된다.

① ㉠㉡
② ㉠㉢
③ ㉡㉢
④ ㉢㉣
⑤ ㉠㉢㉣

8. 다음은 (주)○○의 자금 조달에 관한 대화이다. 이 대화에서 재무 팀장의 제시안을 시행할 경우 나타날 상황으로 적절한 것을 모두 고른 것은?

사장 : 독자적인 신기술 개발로 인한 지식 재산권 취득으로 생산 시설 확충 자금이 필요합니다.
사원 : 주식이나 채권발행이 좋을 것 같습니다.
재무팀장 : 지식 재산권 취득으로 본사에 대한 인지도가 높아졌기 때문에 보통주 발행이 유리합니다.

㉠ 자기 자본이 증가하게 된다.
㉡ 이자 부담이 증가하게 된다.
㉢ 투자자에게 경영 참가권을 주어야 한다.
㉣ 투자자에게 원금 상환 의무를 지게 된다.

① ㉠㉡
② ㉠㉢
③ ㉡㉢
④ ㉢㉣
⑤ ㉡㉢㉣

빗살무늬토기를 사용하던 당시에 간돌도끼는 편평하고 길쭉한 자갈돌을 다듬은 뒤 나무부분만을 갈아서 사용하였다. 빗살무늬토기문화인들에 뒤이어 한반도의 새로운 주민으로 등장한 민무늬토기문화인들은 간석기를 더욱 발전시켜 사용했는데, 이 시기에는 간돌도끼도 일부만이 아닌 돌 전체를 갈아 정교하게 만들어 사용하였다.

또한 ㉠빗살무늬토기시대의 간돌도끼는 '도끼'(현대 도끼와 같이 날이 좌우 대칭인 것)와 '자귀'(현대의 자귀 또는 끌처럼 날이 비대칭인 것)의 구분 없이 혼용되었으나 민무늬토기시대에는 '도끼'와 '자귀'를 따로 만들어서 사용하였다.

도끼는 주로 요즈음의 도끼와 마찬가지로 벌목·절단·절개의 용도로 사용된 반면, 자귀는 요즈음의 끌이나 자귀처럼 나무껍질을 벗기거나 재목을 다듬는 가공구로 사용되었다. ㉡민무늬토기시대의 간돌도끼는 용도별로 재료·크기·무게·형태를 달리하여 제작되었으며, 전투용보다는 공구용이 압도적이었다.

종류는 크게 양인석부(양날도끼)와 단인석부(외날도끼)로 구분된다. 양인석부는 부신의 형태에 따라 편평·원통·사각석부 등으로 나뉘고, 단인석부는 길쭉한 주상석부와 납작하고 네모난 '대팻날'로 나뉜다. ㉢우리나라의 대표적인 주먹도끼문화는 전곡리의 구석기문화에서 발견되는데 1979년부터 발굴이 시작된 전곡리 유적은 경기도 연천군 전곡리의 한탄강변에 위치하고 있으며 이 유적은 야외유적으로 이곳에서 구석기인들이 석기도 제작한 흔적이 발견되었다.

충청도·전라도 지역과 같은 평야지대에서는 소형의 석부가 많이 나타나고, 도기용보다는 자귀용의 목공구가 우세한 반면, 강원도에서는 대형의 석부가 많이 나타나고 도기류가 우세하다. ㉣간돌도끼는 청동도끼가 들어온 뒤에도 줄지 않고 상용되었으며, 서기 전 2세기 말 무렵에 중국에서 한나라 식 철제도끼가 보급되면서 급격히 소멸되었다.

9. 위 글의 밑줄 친 ㉠~㉣ 중 내용상 흐름과 관련 없는 문장은?

① 없음
② ㉠
③ ㉡
④ ㉢
⑤ ㉣

10. 다음 중 옳지 않은 것은?

① 간돌도끼는 청동도끼가 들어온 후에도 사용되었다.
② 충청도나 전라도 지역에서 발굴된 간돌도끼 유물들은 소형으로 도끼보다 자귀용과 같은 목공구가 대부분을 차지한다.
③ 민무늬토기시대의 간돌도끼는 용도별로 다양하게 제작되었는데 그 중에서도 특히 공구용으로 많이 제작되었다.
④ 간돌도끼는 돌을 갈아서 사용한 것으로 흔히 타제석부라고도 부른다.
⑤ 간돌도끼는 빗살무늬토기시대 대는 도기와 자귀 구분 없이 사용되었다가 민무늬토기 시대로 오면서 따로 만들어 사용하게 되었다.

5월, 일 년 중에서 가장 좋은 계절이다. 누구나 한번쯤 어디론가 여행을 떠나고 싶어진다. 봄이 무르익어 가면서 특별히 여행을 좋아하지 않는 사람들도 답답한 일상(日常)에서 벗어나 강물이 흐르고 산이 푸른 어딘가로 여행을 떠나고 싶어진다. 평소에 가 보고 싶었던 곳이 있으면, 이번 주말에 가족들과 함께 여행을 떠나 보는 것이 좋을 것이다.

'하회 마을'하면 가장 먼저 떠오르는 것이 바로 하회 별신굿 탈놀이이다. 하회 별신굿 탈놀이는 가장 인기 있는 볼거리이다. 중요 무형 문화재 제 69호인 하회 별신굿 탈놀이는 매주 토요일과 일요일 오후 3시, 탈놀이 전시관 상설 무대에서 열린다. 하회 마을의 입구에 있는 탈 박물관에 들러, 하회탈을 구경하고 탈놀이를 관람하면 더욱 좋다.

일정에 여유가 있으면 하회 마을뿐만 아니라, 주변의 관광지까지 둘러보면 더욱 좋다. 안동의 대표적인 관광지로는 민속 박물관과 도산 서원이 있다.

수도권에서 하회 마을에 다녀가려면 최소한 1박 2일의 일정을 잡는 것이 좋다. 하회 별신굿 탈놀이가 상설 공연이 토요일과 일요일 오후 3시에 열리는 것을 고려해서, 먼저 안동 주변의 다른 관광지를 둘러보고 다음 날 하회의 탈놀이를 관람하는 것도 좋다. 특히 명절 때에는 하회 마을에서 여러 행사가 열리므로 이를 고려해서 여행 일정을 잡으면 더욱 알찬 여행이 될 것이다. 올 봄 하회 여행은 조상들의 삶을 만나고 우리 문화도 맛보는 좋은 기회가 될 것이다. 가족들과 함께 하회 마을로 떠나는 준비를 해 보자.

11. 주어진 글을 쓴 목적으로 가장 적절한 것은?

① 하회 마을 여행을 안내하기 위해
② 하회 마을의 문화유산을 설명하기 위해
③ 하회 마을의 아름다운 경치를 보존하기 위해
④ 하회 마을의 탈놀이를 홍보하기 위해
⑤ 여행의 즐거움을 알리기 위해

12. 다음 〈보기〉는 이 글을 쓰면서 글쓴이가 생각한 내용이다. 〈보기〉와 관련된 글쓰기의 유의 사항으로 적절한 것은?

〈보기〉

독자들의 호기심을 유발하면서 친근감을 표현하기 위해 질문의 형식으로 표현하는 것이 괜찮겠어. 또, 하회 마을이 많은 관광객이 찾는 인기 있는 관광지라는 사실을 강조하는 내용도 추가하면 훨씬 설득력이 있을 것 같군.

① 글의 주제나 형식에 맞게 개요를 작성하는 것이 좋다.
② 글의 통일성을 해치는 내용은 전체적인 흐름에 비추어 삭제하는 것이 좋다.
③ 독자들의 관심을 끌고 이해를 돕는 내용과 형식으로 적절하게 조정하고 점검해야 한다.
④ 자신의 의도와 독자의 흥미, 수준을 고려하면서 주제와 관련된 다양한 내용을 마련해야 한다.
⑤ 글의 신뢰도를 높이기 위해서는 올바른 맞춤법을 사용하는 것이 좋다.

13. 다음에 제시된 글의 목적을 바르게 나타낸 것은?

제목 : 사내 신문 발행
1. 우리 회사 직원들의 원만한 커뮤니케이션과 대외 이미지를 재고하기 위해 사내 신문을 발간하고자 합니다.
2. 사내 신문은 홍보지와 달리 새로운 정보와 소식지로서의 역할이 기대되오니 아래의 사항을 검토하시고 재가해주시기 바랍니다.

－ 아래 －

(1) 제호 : We 환경인
(2) 판형 : 140×210mm
(3) 페이지 : 16쪽
(4) 출간 예정일 : 2020. 07. 01

별첨 견적서 1부

① 회사에서 정부를 상대로 사업을 진행하기 위해 작성한 문서이다.
② 회사 상품의 특성을 소비자에게 설명하기 위해 작성한 문서이다.
③ 회사의 업무에 대한 현황이나 진행상황 등을 보고하고자 하는 문서이다.
④ 회사의 업무에 대한 협조를 구하기 위해 작성한 문서이다.
⑤ 회사 내의 변경된 규정을 직원들에게 일반통보하기 위한 문서이다.

14. 다음 보도자료 작성 요령을 참고할 때, 적절한 보도자료 문구를 고른 것은?

1. 인명과 호칭
(1) 우리나라 사람
• 우리나라 사람의 인명은 한글만 사용한다. 동명이인 등 부득이한 경우에만 괄호 안에 한자를 써준다.
• 직함은 소속기관과 함께 이름 뒤에 붙여 쓴다.
• 두 명 이상의 이름을 나열할 경우 맨 마지막 이름 뒤에 호칭을 붙인다.
(2) 외국인의 경우
• 중국·일본 사람의 이름은 현지음을 외래어 표기법에 맞게 한글로 쓰고 괄호 안에 한자를 쓴다. 한자가 확인이 안 될 경우에는 현지음을 쓴다.
• 기타 외국인의 이름은 현지발음을 외래어 표기법에 맞게 한글로 작성하고 성과 이름 사이를 띄어 쓴다.
2. 지명
• 장소를 나타내는 국내 지명은 광역시·도→시·군·구→동·읍·면·리 순으로 표기한다.
• 시·도명은 줄여서 쓴다.
• 자치단체명은 '서울시', '대구시', '전남도' 등으로 적는다.
• 중국과 일본 지명은 현지음을 외래어 표기법에 맞게 한글로 작성하고 괄호 안에 한자를 쓴다.(확인이 안 될 경우에는 현지음과 한자 중 하나를 선택하여 작성한다.)
• 외국 지명의 번역명이 통용되는 경우 관용에 따른다.
3. 기관·단체명
• 약어 영문 이니셜이 우리말로 굳어진 것은 우리말 발음대로 표기한다.
• 기관이나 단체 이름은 처음 나올 때는 정식 명칭을 적고 약칭이 있으면 괄호 안에 넣어주되 행정부처 등 관행화된 것은 넣지 않는다. 두 번째 표기부터는 약칭을 적는다.
• 기관이나 단체명에 대표 이름을 써야 할 필요가 있을 때에는 괄호 안에 표기한다.
• 외국의 행정부처는 '부', 부처의 장은 '장관'으로 표기한다. 단, 한자권 지역은 그 나라에서 쓰는 정식명칭을 따른다.
• 국제기구나 외국 단체의 경우 처음에는 한글 명칭과 괄호 안에 영문 약어 표기를 쓴 다음 두 번째부터는 영문 약어만 표기한다.
• 언론기관 명칭은 CNN, BBC 등 잘 알려진 경우는 영문을 그대로 사용하되 잘 알려지지 않은 기관은 그 앞에 설명을 붙여준다.

① '버락오바마 미국 대통령의 임기는 ～'
② '국제노동기구(ILO) 창설 기념일과 때를 같이하여 ILO 회원국들은 ～'
③ '절강성 온주에서 열리는 박람회는 ～'
④ '최한국 사장, 조대한 사장, 강민국 사장 등 재계 주요 인사들은 모두 ～'
⑤ '習近平 주석은 중국에서 신년 행사를 ～'

15. 다음은 ○○기업의 구인 의뢰서이다. 이에 대한 옳은 설명은?

○○기업과 함께 할 인재를 모십니다.
1. 회사 현황
   가. 생산 품목 : 공장 자동화 생산 설비품
   나. 종업원 현황 : 110명(상시)
2. 근무 형태
   가. 근무 시간 : 09 : 00 ~ 18 : 00, 주 5일 근무
   나. 주 2회 시간외 근무(희망자) : 19 : 00 ~ 23 : 00
3. 급여 및 복지
   가. 기본급 : 150만원(수습 기간 3개월은 80 %)
   나. 시간외 근무 수당 : 8만원(1회 당)
   다. 상여금 : 명절(추석 및 설) 휴가비 기본급의 100 %
   라. 기타 : 4대 보험, 중식 및 기숙사 제공
4. 모집 인원
   가. 특성화고, 마이스터고 관련 학과 재학생 및 졸업생 00명
   나. 관련 직종 자격증 소지자 우대

① 기업의 형태는 대기업이다.
② 법정 복리 후생을 제공하고 있다.
③ 기준 외 임금은 제시되어 있지 않다.
④ 시간급 형태의 임금을 지급하고 있다.
⑤ 채용 우대 사항이 명시되어 있지 않다.

16. 다음에 나열된 문자의 규칙을 찾아 괄호 안에 들어갈 문자를 고르면?

O - T - T - F - F - S - S - (?) - N - T

① D　　　　　② E
③ F　　　　　④ G
⑤ H

17. 다음 식의 결과로 옳은 것은?

$$2^2 + 3^3 + 4^3 + 5^2$$

① 100　　　　② 120
③ 140　　　　④ 160
⑤ 180

18. 철수는 분속 250m의 속도로 걷고 있다. 10분 뒤에 분속 400m의 속도로 걷는 영희가 출발했다면 둘은 영희가 출발한 지 몇 분 만에 만나는가?(소수점 첫 번째 자리에서 반올림하시오)

① 16분　　　　② 17분
③ 21분　　　　④ 26분
⑤ 27분

19. T통신사를 이용하는 민희는 매달 5.3G의 데이터를 사용한다. T통신사는 매달 2G를 기본요금 1,500원에 제공하고 그 이후부터는 100M의 데이터 당 11원의 요금이 추가로 지불될 때, 민희가 납부해야 하는 요금은?

① 1,563원
② 1,663원
③ 1,763원
④ 1,863원
⑤ 1,963원

20. 4명의 회의 참석자가 일렬로 테이블에 앉았다. 각 좌석에 이름표를 붙여놓아 자리가 지정되어 있었으나 참석자들은 그 사실을 모르고 그냥 마음대로 자리에 앉았다. 이런 경우 한 명만 정해진 자신의 자리에 앉고, 나머지 세 명은 자신의 자리에 앉지 않게 될 경우의 수를 구하면?

① 4가지
② 6가지
③ 8가지
④ 10가지
⑤ 12가지

21. 다음은 과거 우리나라의 연도별 국제 수지표이다. 이에 대한 설명으로 옳은 것을 〈보기〉에서 고른 것은?

항목 \ 연도	2012년	2013년	2014년
(가)	−35억 달러	−28억 달러	−1억 달러
상품수지	−30억 달러	−20억 달러	7억 달러
서비스수지	−10억 달러	−5억 달러	−12억 달러
(나)	10억 달러	−13억 달러	5억 달러
이전소득수지	5억 달러	10억 달러	−1억 달러
자본·금융계정	17억 달러	15억 달러	15억 달러
자본수지	5억 달러	7억 달러	−3억 달러
금융계정	12억 달러	8억 달러	18억 달러

※ 소득수지는 본원소득수지로, 경상이전수지는 이전소득수지로, 자본수지는 자본금융계정으로, 기타자본수지는 자본수지로, 투자수지는 금융계정으로 변경하여 현재 사용하고 있음.

〈보기〉
㉠ (가)의 적자가 지속되면 국내 통화량이 증가하여 인플레이션이 발생할 수 있다.
㉡ 국내 기업이 보유하고 있는 외국인의 배당금을 해외로 송금하면 (나)에 영향을 미친다.
㉢ 국내 기업이 외국에 주식을 투자할 경우 영향을 미치는 수지는 흑자가 지속되고 있다.
㉣ 외국 기업이 보유한 특허권 이용료 지불이 영향을 미치는 수지는 흑자가 지속되고 있다.

① ㉠㉡
② ㉠㉢
③ ㉡㉢
④ ㉢㉣
⑤ ㉡㉢㉣

22. 다음 표는 4개 고등학교의 대학진학 희망자의 학과별 비율(상단)과 그중 희망대로 진학한 학생의 비율(하단)을 나타낸 것이다. 이 표를 보고 추론한 내용으로 올바른 것은?

고등학교	국문학과	경제학과	법학과	기타	진학 희망자수
A	(60%) 20%	(10%) 10%	(20%) 30%	(10%) 40%	700명
B	(50%) 10%	(20%) 30%	(40%) 30%	(20%) 30%	500명
C	(20%) 35%	(50%) 40%	(40%) 15%	(60%) 10%	300명
D	(5%) 30%	(25%) 25%	(80%) 20%	(30%) 20%	400명

가. B고와 D고 중에서 경제학과에 합격한 학생은 D고가 많다.
나. A고에서 법학과에 합격한 학생은 40명보다 많고, C고에서 국문학과에 합격한 학생은 20명보다 적다.
다. 국문학과에 진학한 학생들이 많은 순서대로 세우면 A고→B고→C고→D고 순서가 나온다.

① 가
② 나
③ 다
④ 가, 나
⑤ 가, 나, 다

23. 다음은 2018년과 2019년에 해외여행을 가지 않은 이유에 투표한 남녀의 비율에 대한 자료이다. 자료를 바르게 설명한 것은?

(단위: %)

구분		시간이 없어서	가족·친구와 시간을 맞추기 힘들어서	함께 여행할 사람이 없어서	여행 경비가 부족해서
2018	남	51.4	18.7	6.3	23.6
	여	44.3	20.4	10.5	24.8
2019	남	52.3	17.5	5	25.2
	여	45.1	21.7	11	22.2

① 2018년과 2019년에 설문조사를 한 여성이 각각 400명, 450명이라면 '시간이 없어서'에 투표한 사람은 15명 차이가 난다.
② 2018년도와 2019년에 '가족·친구와 시간을 맞추기 힘들어서'에 투표한 남성의 수가 동일하다면 2018년과 2019년에 전체 항목에 투표한 남성의 비율은 187:175이다.
③ 2018년과 2019년 모두 '함께 여행할 사람이 없어서'에 투표한 사람의 비율이 가장 낮다.
④ 남녀 모두 2018년도에 비해 2019년에 '여행 경비가 부족'에 투표한 비율이 감소했다.
⑤ 투표 비율을 통해 성별의 투표 연령대를 유추할 수 있다.

24. 다음은 운수업 업종별 매출/비용 현황 자료이다. 자료를 바르게 설명한 것은?

<운수업 업종별 매출액>

(단위: 십억 원, %)

	2018	2019	구성비	증감률
운수업	140,915	141,192	100.0	0.2
육상운송업	59,563	62,299	44.1	4.6
수상운송업	37,917	31,155	22.1	−17.8
항공운송업	20,997	21,756	15.4	3.6
창고 및 운송 관련 서비스업	22,438	25,982	18.4	15.8

<운수업 업종별 영업비용>

(단위: 십억 원, %)

	2018	2019	구성비	증감률
운수업	125,919	126,386	100.0	0.4
육상운송업	53,108	55,205	43.7	3.9
수상운송업	36,160	31,433	24.9	−13.1
항공운송업	19,163	19,487	15.4	1.7
창고 및 운송 관련 서비스업	17,488	20,261	16.0	15.9

① 2018년보다 2019년의 매출과 영업비용이 모두 감소한 운수업종은 수상운송업이 유일하다.

② 2018년과 2019년의 운수업 전체 영업비용의 업종별 구성비 크기 순위는 각각 동일하다.

③ 2018년과 2019년의 업종별 매출액 순위는 달라졌다.

④ 2019년에 전년 대비 매출 증감률이 영업비용 증감률보다 큰 업종은 3개다.

⑤ 2019년의 운수업 전체 매출액과 영업비용의 업종별 구성비 크기 순위는 동일하지 않다.

25. ○○고 체육 대회에서 찬수, 민경, 석진, 주하 네 명이 달리기를 하였는데 네 사람의 성은 가나다라 순으로 '강', '김', '박', '이'이다. 다음 중 성과 이름이 맞게 연결된 것은?

- 강 양은 "내가 넘어지지만 않았어도…"라며 아쉬워했다.
- 석진이는 성이 '이'인 사람보다 빠르지만, 민경이 보다는 늦다.
- 자기 딸이 1등을 했다고 아버지 '김'씨는 매우 기뻐했다.
- 찬수는 꼴찌가 아니다.
- 민경이와 주하만 여자이다.

① 김찬수, 이민경, 강석진, 박주하

② 강찬수, 김민경, 이석진, 박주하

③ 김찬수, 박민경, 강석진, 이주하

④ 박찬수, 강민경, 이석진, 김주하

⑤ 이찬수, 김민경, 박석진, 강주하

26. 다음은 위험물안전관리자 실무교육현황에 관한 표이다. 표를 보고 이수율을 구하면? (단, 소수 첫째 자리에서 반올림하시오)

실무교육현황별(1)	실무교육현황별(2)	2008
계획인원(명)	소계	5,897.0
이수인원(명)	소계	2,159.0
이수율(%)	소계	x
교육일수(일)	소계	35.02
교육회차(회)	소계	344.0
야간/휴일	교육회차(회)	4.0
교육실시현황	이수인원(명)	35.0

① 36.7   ② 41.9

③ 52.7   ④ 66.5

⑤ 72.5

27. 다음은 맛집 정보와 평가 기준을 정리한 표이다. 자료를 바탕으로 총점이 가장 높은 음식점은 어디인가?

	음식 종류	이동거리	1인분 가격	평점	예약 여부
A	중식	150m	7,500원	★	o
B	양식	170m	8,000원	★★	o
C	한식	80m	10,000원	★★★	x
D	일식	350m	9,000원	★★★★	x
E	한식	300m	12,000원	★★★★★	x

- 각 항목에 대해 1~5점을 부여한다.
  - 이동거리, 1인분 가격은 낮은 수치일수록 높은 점수를 준다.
  - 나머지 항목은 높은 수치일수록 높은 점수를 준다.
- 예약이 가능한 경우 1점 가산점을 준다.
- 일식과 중식은 2점, 한식은 5점, 양식은 4점을 부여한다.

① A   ② B

③ C   ④ D

⑤ E

다음은 커피 수입 현황에 대한 표이다. 물음에 답하시오.

(단위 : 톤, 천 달러)

구분\연도		2008	2009	2010	2011	2012
생두	중량	97.8	96.9	107.2	116.4	100.2
	금액	252.1	234.0	316.1	528.1	365.4
원두	중량	3.1	3.5	4.5	5.4	5.4
	금액	37.1	42.2	55.5	90.5	109.8
커피 조제품	중량	6.3	5.0	5.5	8.5	8.9
	금액	42.1	34.6	44.4	98.8	122.4

※ 1) 커피는 생두, 원두, 커피조제품으로만 구분됨
　 2) 수입단가 = 금액 / 중량

28. 다음 중 표에 관한 설명으로 가장 적절한 것은?

① 커피전체에 대한 수입금액은 매해마다 증가하고 있다.
② 2011년 생두의 수입단가는 전년의 2배 이상이다.
③ 원두 수입단가는 매해마다 증가하고 있지는 않다.
④ 2012년 커피조제품 수입단가는 2008년의 2배 이상이다.
⑤ 2012년 생두의 수입중량은 커피제조품의 20배 이상이다.

29. 다음 중 수입단가가 가장 큰 것은?

① 2010년 원두
② 2011년 생두
③ 2012년 원두
④ 2011년 커피조제품
⑤ 2012년 생두

30. E기업의 입사설명회에서 면접 강의를 한 P씨는 다음과 같이 강의를 하였다. 이 강의를 준비하기 위한 사전계획 중 P씨의 강의 내용에 포함되지 않은 것은?

안녕하십니까? 취업준비생 여러분, 오늘은 E기업의 입사시험을 준비하는 여러분에게 면접에 대한 대비 방법에 대해 알려드리려고 합니다.

면접 준비는 어떻게 해야 할까요? 먼저 입사하고자 하는 기업의 특성과 원하는 인재상에 맞는 면접 예상 질문을 만들고 그에 대한 답변을 준비하는 것이 좋습니다. 예를 들어 사회적 기업에 입사를 하려고 한다면 신문이나 잡지 중에서 사회적 이슈가 되고 있는 것을 찾아 예상 질문을 만들고 거울을 보면서 실제 면접관 앞이라고 생각하며 답변을 해 보면 면접에 대한 자신감을 키울 수 있습니다.

면접은 일반적으로 일대일 면접, 일대다 면접, 다대다 면접 이렇게 세 가지 유형으로 분류할 수 있습니다. 면접 유형이 다르면 전략도 달라져야 합니다. 다대다 면접을 치르는 기업의 경우 질문하는 면접관이 여러 명이므로 면접관 한 사람 한 사람의 질문에 집중해야 하고, 질문한 면접관의 눈을 응시하며 답변을 해야 합니다. 또한 다른 지원자들이 하는 답변도 잘 경청하는 것이 중요합니다.

면접 상황에서 가장 중요한 것은 질문의 의도가 사실의 정보를 요구하는 것인지, 본인의 의견을 묻는 것인지를 분명하게 파악해야 합니다. 사실적 정보를 묻는 질문이라면 객관적 내용을 토대로 명확하게 답변을 해야 하고, 본인의 의견을 묻는 질문이라면 구체적인 근거를 제시하여 자신의 견해를 논리적으로 대답해야 합니다.

만약 면접관이 여러분에게 '음식물 쓰레기 종량제'에 대한 찬반 의견을 묻는다면 여러분은 어떻게 답변을 하시겠습니까? 먼저 찬반 입장을 생각한 후 자신의 입장을 분명히 밝히고 그에 다른 구체적 근거를 제시하면 됩니다. 이때 근거는 보통 세 가지 이상 드는 것이 좋습니다. 가능하면 실제 사례나 경험을 바탕으로 설명하는 것이 설득력을 높일 수 있습니다. 면접관이 추가 질문을 할 경우에는 앞서 했던 답변 중 부족한 부분이 무엇이었는지를 점검하고 보완해서 대답을 하면 됩니다.

① 면접 준비 방식, 종류, 상황을 순서대로 설명하며 다음 내용과 이어지도록 할 것이다.
② 강의 중 청중의 배경지식을 확인하여 내용의 수준을 조절할 것이다.
③ 구체적 사례를 들어 청중의 이해를 도울 것이다.
④ 청중과 상호 작용을 위해 질문의 형식을 활용할 것이다.
⑤ 청중의 특성을 고려하여 강의 내용을 선정할 것이다.

도서출판 서원각에 근무하는 K씨는 고객으로부터 9급 건축직 공무원 추천도서를 요청받았다. K씨는 도서를 추천하기 위해 다음과 같은 9급 건축직 발행도서의 종류와 특성을 참고하였다.

K씨 : 감사합니다. 도서출판 서원각입니다.
고객 : 9급 공무원 건축직 관련 도서 추천을 좀 받고 싶습니다.
K씨 : 네, 어떤 종류의 도서를 원하십니까?
고객 : 저는 기본적으로 이론은 대학에서 전공을 했습니다. 그래서 많은 예상문제를 풀 수 있는 것이 좋습니다.
K씨 : 아. 문제가 많은 것이라면 딱 잘라서 말씀드리기가 어렵습니다.
고객 : 알아요. 그래도 적당히 가격도 그리 높지 않고 예상문제가 많이 들어 있는 것이면 됩니다.
K씨 : 네. 알겠습니다. 많은 예상문제풀이가 가능한 것 외에는 다른 필요한 사항은 없으십니까?
고객 : 가급적이면 20,000원 이하가 좋을 듯 합니다.

도서명	예상문제 문항 수	기출 문제 수	이론 유무	가격	재고
실력평가 모의고사	400	120	무	18,000	100
전공문제집	500	160	유	25,000	200
문제완성	600	40	무	20,000	300
합격선언	300	200	유	24,000	100
핵심 Summary	50	0	유	10,000	20

31. 다음 중 K씨가 고객의 요구에 맞는 도서를 추천해 주기 위해 가장 우선적으로 고려해야 하는 특성은 무엇인가?

① 기출문제 수
② 이론 유무
③ 가격
④ 예상문제 문항 수
⑤ 재고

32. 고객의 요구를 종합적으로 반영하였을 때 많은 문제와 가격을 맞춘 가장 적당한 도서는?

① 실력평가모의고사
② 전공문제집
③ 문제완성
④ 합격선언
⑤ 핵심 Summary

33. 다음 세 개의 명제가 참일 때, 항상 참이라고 말할 수 있는 것은?

- 오 대리가 출장을 가면 정 사원은 야근을 해야 한다.
- 남 대리가 교육을 받지 못하면 진급 시험 자격을 얻지 못한다.
- 정 사원이 야근을 하면 남 대리가 교육을 받으러 가지 못한다.

① 남 대리가 교육을 받지 못하면 오 대리가 출장을 가야 한다.
② 정 사원이 야근을 하면 오 대리가 출장을 가야 한다.
③ 남 대리가 진급 시험 자격을 얻으려면 오 대리가 출장을 가면 안 된다.
④ 남 대리가 진급 시험 자격을 얻지 못하면 오 대리가 출장을 가지 않은 것이다.
⑤ 정 사원이 야근을 하지 않으면 남 대리가 교육을 받으러 간다.

34. 다음의 명제가 참일 때, 보기 중 항상 참인 것은?

- 자동차 수리를 잘 하는 사람은 자전거도 잘 고친다.
- 자동차 수리를 잘 하지 못하는 사람은 가전제품도 잘 고치치 못한다.

① 자동차 수리를 잘 하지 못하는 사람은 자전거도 잘 고치지 못한다.
② 자전거를 잘 고치는 사람은 가전제품을 잘 고친다.
③ 가전제품을 잘 고치지 못하는 사람은 자동차 수리도 잘 하지 못한다.
④ 자전거를 잘 고치는 사람은 자동차 수리를 잘 하지 못한다.
⑤ 가전제품을 잘 고치는 사람은 자전거도 잘 고친다.

35. 전무, 상무, 부장, 차장, 과장, 대리 6명은 다음 주부터 6주의 기간 동안 모두 휴가를 다녀와야 한다. 각자 휴가기간은 연속하여 2주이며, 휴가를 가지 않은 사람은 없다. 다음 제시된 내용을 고려하였을 때, 항상 거짓인 것은?

- 상무가 휴가를 다녀온 후에 전무가 휴가를 떠난다.
- 차장이 휴가를 다녀오면 6주의 휴가 기간이 모두 끝난다.
- 전무는 1주차와 6주차에 휴가를 갈 수 없다.
- 과장과 대리는 휴가를 동시에 시작하며 전무, 상무와 휴가 기간이 1주씩 겹친다.

① 부장은 다른 사람들과 휴가 기간이 겹친다.
② 아무도 휴가를 안 가는 주는 없다.
③ 휴가 중인 인원이 가장 많은 주는 3주차이다.
④ 상무는 2주차에 항상 휴가 중이다.
⑤ 차장과 대리의 휴가가 겹치는 주가 있다.

36. 다음 글을 읽고 김 실장이 인도에의 진출을 반대한 이유로 가장 적절한 것은?

이 차장은 시장조사를 하다가 가구의 수와 가구의 생애주기 단계는 현재와 미래의 제품과 서비스 수요에 상당한 영향력을 발휘함을 알게 되었다. 2012년 전 세계의 가구당 평균 인원은 3.5명이다. 인도, 아시아 개도국, 북아프리카와 중동 등 평균 출생률이 높고 젊은 층의 인구가 많으며, 교육 수준이 낮은 지역은 가구당 평균 인원이 많다. 그리고 일반적으로 인구가 많은 수도권 부근이 그 외의 지역에 비해서 훨씬 더 많은 소비가 나타나고 있다는 것을 보았을 때, 향후 인구가 급속하게 늘어날 것으로 예상되는 인도시장에 빨리 진출해야 한다고 생각했다. 한편, 김 실장은 향후 전 세계적으로 두드러진 트렌드 중 하나인 자녀 없는 가구, 즉 19세 미만의 가족 구성원이 없는 가구의 수가 늘어난다는 사실을 알게 되었다. 자녀가 없는 소규모 가구로의 편중 현상은 휴양, 여행, 건강관리, 외식 등 재량 소비 증가의 주된 원인이 될 것이다. 10가구 중 9가구가 자녀가 있는 인도와 달리 2012년 기준 중국 가구의 53%가 자녀가 없고, 통계 자료에 따르면 2032년 그 비율은 63%에 달한다. 최근 몇 년 동안 중국 소비 시장에서 재량 소비가 빠르게 증가하고 있는 이유가 여기에 있는 것이다. 이 차장이 인도시장 선점을 제안했을 때, 김 실장은 고개를 저었다.

① 이 차장은 젊은 층의 소비행태를 간과하였다.
② 국내 시장을 선점하기 전에 해외시장 진출은 무모하다.
③ 인도의 중산층 가구의 급속한 부상을 고려하지 않은 전략이다.
④ 부양가족 수가 많아지면 저축을 하거나 재량 소비를 늘릴 여력이 없다.
⑤ 인도의 인구 증가 추세보다 중국의 인구 증가 추세가 가파르다.

37. 다음 중 <쓰레기 분리배출 규정>을 준수한 것은?

<쓰레기 분리배출 규정>
- 시간 : 수거 전날 저녁 7시~수거 당일 새벽 5시까지(월~토요일에만 수거)
- 장소 : 내 집 앞, 내 점포 앞
- 방법
 - 일반 쓰레기 : 쓰레기 종량제 봉투에 담아 배출
 - 음식물 쓰레기 : 단독주택의 경우 수분 제거 후 음식물 쓰레기 종량제 봉투에 담아서, 공동 주택의 경우 음식물 전용용기에 담아서 배출
 - 재활용 쓰레기 : 종류별로 분리하여 투명 비닐봉투에 담아 묶어서 배출
  (1) 1종(병류)
  (2) 2종(캔, 플라스틱, 페트병 등)
  (3) 3종(폐비닐류, 과자 봉지, 1회용 봉투 등)
  ※ 1종과 2종의 경우 뚜껑을 제거하고 내용물이 없는 상태에서 배출
  ※ 종이류·박스·스티로폼은 각각 별도로 묶어서 배출
 - 폐가전·폐가구 : 폐기물 스티커를 부착하여 배출
- 종량제 봉투 및 폐기물 스티커 구입 : 봉투판매소

① 토요일 저녁 8시에 일반 쓰레기를 쓰레기 종량제 봉투에 담아 자신의 집 앞에 배출하였다.
② 공동주택에 사는 A는 먹다 남은 찌개를 그대로 음식물 쓰레기 종량제 봉투에 담아 배출하였다.
③ 금요일 낮 3시에 병과 플라스틱을 분리하고 투명 비닐봉투에 담아 묶어서 배출하였다.
④ 집에서 쓰던 냉장고를 버리기 위해 폐기물 스티커를 구입 후 부착하여 월요일 저녁 9시에 배출하였다.
⑤ 투명 비닐봉투에 캔과 스티로폼을 함께 담아 자신의 집 앞에 배출하였다.

38. ○○은행에서 창구업무를 보던 도중 한 고객이 입금하려던 예금액 500만 원이 분실되었다. 경찰은 3명의 용의자 *A*, *B*, *C*를 검거하였다. 그러나 세 명의 용의자는 하나같이 자신이 범인이 아니라고 했지만 셋 중 하나가 범인임에 틀림없다. 세 사람이 각각 진술한 3개의 진술 중 하나의 진술은 참이고, 나머지는 거짓이다. 다음 중 범인과 참인 진술로 바르게 짝지어진 것은?

---

*A*의 진술
㉠ *B*가 범인이다.
㉡ 우리 집에는 사과가 많이 있다.
㉢ 나는 *C*를 몇 번 만난 적이 있다.
*B*의 진술
㉠ 내가 범인이다.
㉡ *A*의 두 번째 말은 거짓이다.
㉢ *A*와 *C*는 한 번도 만난 적이 없다.
*C*의 진술
㉠ *A*가 범인이다.
㉡ *B*의 두 번째 말은 진실이다.
㉢ 나는 *A*를 한 번도 만난 적이 없다.

---

① 범인은 *C*, 참인 진술은 *A*의 ㉢ − *B*의 ㉡
② 범인은 *A*, 참인 진술은 *A*의 ㉡ − *C*의 ㉠
③ 범인은 *C*, 참인 진술은 *C*의 ㉡ − *B*의 ㉢
④ 범인은 *B*, 참인 진술은 *A*의 ㉢ − *C*의 ㉢
⑤ 범인은 *C*, 참인 진술은 *A*의 ㉡ − *B*의 ㉢

39. H공사 홍보팀에 근무하는 이 대리는 사내 홍보 행사를 위해 행사 관련 준비를 진행하고 있다. 홍보팀에서 추가로 설치해야 할 물품이 다음과 같을 때, 추가 물품 설치에 필요한 비용은 총 얼마인가?

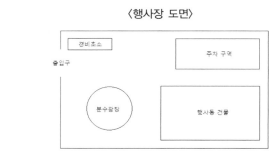

〈행사장 도면〉

〈행사 장소〉
행사동 건물 1층 회의실
〈추가 예상 비용〉
• 금연 표지판 설치
– 단독 입식 : 45,000원
– 게시판 : 120,000원
• 쓰레기통 설치
– 단독 설치 : 25,000원/개
– 벤치 2개 + 쓰레기통 1개 : 155,000원

[추가로 설치해야 할 물품]
• 금연 표지판 설치
– 분수대 후면 1곳
– 주차 구역과 경비초소 주변 각 1곳
– 행사동 건물 입구 1곳
※ 실외는 게시판 형태로 설치하고 행사장 입구에는 단독 입식 형태로 설치
• 쓰레기통
– 분수광장 금연 표지판 옆 1곳
– 주차 구역과 경비초소 주변 각 1곳
※ 분수광장 쓰레기통은 벤치와 함께 설치

---

① 550,000원　　　　② 585,000원
③ 600,000원　　　　④ 610,000원
⑤ 625,000원

40. 다음 중 *A*, *B*, *C*, *D* 네 명이 파티에 참석하였다. 그들의 직업은 각각 교사, 변호사, 의사, 경찰 중 하나이다. 다음 내용을 읽고 〈보기〉의 내용이 참, 거짓 또는 알 수 없음을 판단하면?

① *A*는 교사와 만났지만, *D*와는 만나지 않았다.
② *B*는 의사와 경찰을 만났다.
③ *C*는 의사를 만나지 않았다.
④ *D*는 경찰과 만났다.

〈보기〉
㉠ *C*는 변호사이다.
㉡ 의사와 경찰은 파티장에서 만났다.

① ㉠과 ㉡ 모두 참이다.
② ㉠과 ㉡ 모두 거짓이다.
③ ㉠만 참이다.
④ ㉡만 참이다.
⑤ 알 수 없다.

41. 다음 글의 '직무순환제'와 연관성이 높은 설명은?

대기환경관리 전문업체 ㈜인에어는 직원의 업무능력을 배양하고 유기적인 조직운영을 위해 '직무순환제'를 실시하고 있다. 이는 각 팀·파트에 속한 직원들이 일정 기간 해당업무를 익힌 후 다른 부서로 이동해 또 다른 업무를 직접 경험해볼 수 있도록 하는 제도이다. 직무순환제를 통해 젊은 직원들은 다양한 업무를 거치면서 개개인의 역량을 쌓을 수 있을 뿐 아니라 풍부한 현장 경험을 축적하고 있다. 특히 대기환경 설비 등 플렌트 사업은 설계, 구매·조달, 시공 등 모든 파트의 유기적 운영이 중요하다. 인에어의 경우에도 현장에서 실시하는 환경진단과 설비 운영 및 정비 등의 경험을 쌓은 직원이 효율적으로 집진기를 설계하며 생생한 현장 노하우가 영업에서의 성과로 이어진다. 또한 직무순환제를 통해 다른 부서의 업무를 실질적으로 이해함으로써 각 부서 간 활발한 소통과 협업을 이루고 있다.

① 구성원 자신이 조직의 구성원으로서 가치 있는 존재로 인식하게끔 하는 역할을 수행한다.
② 구성원을 승진시키기 전 단계에서 실시하는 하나의 단계적인 교육훈련방법으로 파악하기 어렵다.
③ 자신의 직무를 제대로 수행하기 전 다른 업무를 담당하게 되므로 일의 효율성과 정확성이 떨어질 것이다.
④ 구성원들의 노동에 대한 싫증 및 소외감을 더 느끼게 될 것이다.
⑤ 조직변동에 다른 부서 간의 과부족 인원 조정·사원 개개인의 사정에 의한 구제를 하지 않기 위함이다.

42. 다음 〈상황〉과 〈조건〉을 근거로 판단할 때 옳은 것은?

〈상황〉
A대학교 보건소에서는 4월 1일(월)부터 한 달 동안 재학생을 대상으로 금연교육 4회, 금주교육 3회, 성교육 2회를 실시하려는 계획을 가지고 있다.

〈조건〉
• 금연교육은 정해진 같은 요일에만 주 1회 실시하고, 화, 수, 목요일 중에 해야 한다.
• 금주교육은 월요일과 금요일을 제외한 다른 요일에 시행하며, 주 2회 이상은 실시하지 않는다.
• 성교육은 4월 10일 이전, 같은 주에 이틀 연속으로 실시한다.
• 4월 22일부터 26일까지 중간고사 기간이고, 이 기간에 보건소는 어떠한 교육도 실시할 수 없다.
• 보건소의 교육은 하루에 하나만 실시할 수 있고, 토요일과 일요일에는 교육을 실시할 수 없다.
• 보건소는 계획한 모든 교육을 반드시 4월에 완료하여야 한다.

① 금연교육이 가능한 요일은 화요일과 수요일이다.
② 4월 30일에도 교육이 있다.
③ 금주교육은 4월 마지막 주에도 실시된다.
④ 성교육이 가능한 일정 조합은 두 가지 이상이다.
⑤ 4월 둘째 주에는 금연교육, 금주교육, 성교육이 모두 시행된다.

43. 다음 조건을 바탕으로 미연의 거주지와 직장이 위치한 곳을 바르게 짝지은 것은?

㉠ 수진, 미연, 수정은 각각 종로, 명동, 강남 중 각각 한 곳에 거주한다.
㉡ 수진, 미연, 수정은 각각 종로, 명동, 강남 중 각각 한 곳에 직장을 다니며, 세 사람 모두 자신의 거주지와 직장의 위치는 다르다.
㉢ 수진은 지금 수정의 직장이 위치한 곳에 거주한다.
㉣ 수정은 종로에 거주하지 않는다.
㉤ 수정과 미연은 명동에 거주하지 않는다.
㉥ 수진의 직장이 위치한 곳은 종로이다.

	거주지	직장
①	종로	강남
②	명동	종로
③	강남	명동
④	종로	명동
⑤	강남	종로

44. 다음 조건을 바탕으로 김 대리가 월차를 쓰기에 가장 적절한 날은 언제인가?

> ㉠ 김 대리는 반드시 이번 주에 월차를 쓸 것이다.
> ㉡ 김 대리는 실장님 또는 팀장님과 같은 날, 또는 공휴일에 월차를 쓸 수 없다.
> ㉢ 팀장님이 월요일에 월차를 쓴다고 하였다.
> ㉣ 실장님이 김 대리에게 우선권을 주어 월차를 쓸 수 있는 요일이 수, 목, 금이 되었다.
> ㉤ 김 대리는 5일에 붙여서 월차를 쓰기로 하였다.
> ㉥ 이번 주 5일은 공휴일이며, 주중에 있다.

① 월요일
② 화요일
③ 수요일
④ 목요일
⑤ 금요일

45. 집단 내 의사결정에 대한 단점으로 볼 수 있는 것은?
① 지식과 정보가 더 많아 효과적 결정을 할 수 있다.
② 다양한 시각에서 문제를 바라 볼 수 있다.
③ 의사결정을 내리는데 많은 시간이 소요된다.
④ 상하간의 의사소통이 활발해진다.
⑤ 의사소통의 기회가 향상된다.

46. 다음은 국내 화장품 산업의 SWOT분석이다. 주어진 전략 중 가장 적절한 것은?

> SWOT이란, 강점(Strength), 약점(Weakness), 기회(Opportunity), 위협(Threat)의 머리글자를 모아 만든 단어로 경영 전략을 수립하기 위한 도구이다. SWOT분석을 통해 도출된 조직의 외부/내부 환경을 분석 결과를 통해 각각에 대응하는 전략을 도출하게 된다.
> SO 전략이란 기회를 활용하면서 강점을 더욱 강화하는 공격적인 전략이고, WO 전략이란 외부환경의 기회를 활용하면서 자신의 약점을 보완하는 전략으로 이를 통해 기업이 처한 국면의 전환을 가능하게 할 수 있다. ST 전략은 외부환경의 위험요소를 회피하면서 강점을 활용하는 전략이며, WT 전략이란 외부환경의 위협요인을 회피하고 자사의 약점을 보완하는 전략으로 방어적 성격을 갖는다.

내부 외부	강점(Strength)	약점(Weakness)
기회 (Opportunity)	SO 전략 (강점-기회 전략)	WO 전략 (약점-기회 전략)
위협 (Threat)	ST 전략 (강점-위협 전략)	WT 전략 (약점-위협 전략)

강점 (Strength)	• 참신한 제품 개발 능력과 상위의 생산시설 보유 • 한류 콘텐츠와 연계된 성공적인 마케팅 • 상대적으로 저렴한 가격 경쟁력
약점 (Weakness)	• 아시아 외 시장에서의 존재감 미약 • 대기업 및 일부 브랜드 편중 심화 • 색조 분야 경쟁력이 상대적으로 부족
기회 (Opportunity)	• 중국·동남아 시장 성장 가능성 • 중국 화장품 관세 인하 • 유럽에서의 한방 원료 등을 이용한 'Korean Therapy' 관심 증가
위협 (Threat)	• 글로벌 업체들의 중국 진출(경쟁 심화) • 중국 로컬 업체들의 추격 • 중국 정부의 규제 강화 가능성

내부 외부	강점(Strength)	약점(Weakness)
기회 (Opportunity)	① 색조 화장품의 개발로 중국·동남아 시장 진출	② 다양한 한방 화장품 개발로 유럽 시장에 존재감 부각
위협 (Threat)	③ 저렴한 가격과 높은 품질을 강조하여 유럽 시장에 공격적인 마케팅 ⑤ 저렴한 가격 경쟁력을 바탕으로 동남아 시장 진출	④ 한류 콘텐츠와 연계한 마케팅으로 중국 로컬 업체들과 경쟁

47. 집단의사결정과정의 하나인 브레인스토밍에 대한 설명으로 바르지 않은 것은?

① 다른 사람이 아이디어를 제시할 때 비판하지 않는다.
② 모든 아이디어들이 제안되면 이를 결합하여 해결책을 마련한다.
③ 문제에 대한 제안이 자유롭게 이루어진다.
④ 주제를 구체적이고 명확하게 정한다.
⑤ 아이디어는 적을수록 결정이 빨라져 좋다.

48. 조직의 유형과 그 예로 바르게 짝지어지지 않은 것은?

① 비영리 조직 – 정부조직, 병원
② 대규모 조직 – 대기업, 가족 소유의 상점
③ 공식 조직 – 조직의 규모·규정이 조직화된 조직
④ 비공식 조직 – 인간관계에 따라 형성된 자발적 조직
⑤ 영리 조직 – 사기업

49. 다음은 U기업의 조직도와 팀장님의 지시사항이다. 다음 중 K씨가 해야 할 행동으로 가장 적절한 것은?

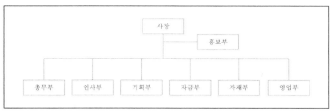

> **<팀장 지시사항>**
> K씨, 다음 주에 신규직원 공채시작이지? 실무자에게 부탁해서 공고문 확인하고 지난번에 우리 부서에서 제출한 자료랑 맞게 제대로 들어갔는지 확인해주고 공채 절차하고 채용 후에 신입 직원 교육이 어떻게 진행되는지 정확한 자료를 좀 받아와요.

① 인사부에서 신규직원 공채 공고문을 받고, 총무부에서 신입직원 교육 자료를 받아온다.
② 홍보실에서 신규직원 공채 공고문을 받고, 인사부에서 신입직원 교육 자료를 받아온다.
③ 총무부에서 신규직원 공채 공고문과 신입직원 교육 자료를 받아온다.
④ 인사부에서 신규직원 공채 공고문과 신입직원 교육 자료를 받아온다.
⑤ 기획부에서 신규직원 공채 공고문 절차 기획서를 받아온다.

50. 다음 중 아래의 조직도를 올바르게 이해한 것은?

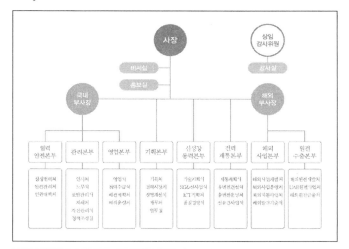

> ㉠ 사장직속으로는 3개 본부, 13개 처, 2개 실로 구성되어 있다.
> ㉡ 국내·해외부사장은 각 3개의 본부를 이끌고 있다.
> ㉢ 감사실은 다른 부서들과는 별도로 상임 감사위원 산하에 따로 소속되어 있다.
> ㉣ 노무처와 재무처는 서로 업무협동이 있어야 하므로 같은 본부에 소속되어 있다.

① ㉠
② ㉢
③ ㉡㉢
④ ㉢㉣
⑤ ㉡㉢㉣

한국환경공단

직업기초능력평가 모의고사

영 역	의사소통능력, 수리능력, 문제해결능력, 조직이해능력
제 2 회 문항수	50문항
시 간	60분
비 고	객관식 5지선다형

SEOWONGAK
(주)서원각

제 2 회 직업기초능력평가

1. 다음은 회의 관련 규정의 일부이다. 잘못 쓰여 진 글자는 모두 몇 개인가?

제22조(회의 등)

① 심의위원회의 회의는 정기회의와 임시회이로 구분한다.

② 심의위원회의 회의는 공개한다. 다만, 다음 각 호의 어느 하나에 해당하는 경우에는 심의위원회의 의결로 공개하지 아니할 수 있다.

  1. 공개하면 국가안전보장을 해칠 우려가 있는 경우

  2. 다른 법령에 따라 비밀로 분류되거나 공개가 제한된 내용이 포함되어 있는 경우

  3. 공개하면 개인·법인 및 단체의 명예를 훼손하거나 정당한 이익을 해칠 우려가 있다고 인정되는 경우

  4. 감사·인사관리 등에 관한 사항으로 공개하면 공정한 업무수행에 현저한 지장을 초래할 우려가 있는 경우

③ 심의위원회의 회의는 재직위원 과반수의 출석과 출석위원 과반수의 찬성으로 의결한다.

④ 심의위원회는 그 소관직무 중 일부를 분담하여 효율적으로 수행하기 위하여 소위원회를 두거나 특정한 분야에 대한 자문 등을 수행하기 위하여 특별위원회를 둘 수 있다.

⑤ 심의위원회의 공개되는 회의를 회의장에서 방청하려는 사람은 신분을 증명할 수 있는 신분증을 제시하고, 회의 개최 전까지 방청건을 발급받아 방청할 수 있다. 이 경우 심의위원장은 회의의 적절한 운영과 질서유지를 위하여 필요한 때에는 방청인 수를 제한하거나 방청인의 퇴장을 명할 수 있다.

⑥ 심의위원회의 회의 운영, 소위원회 또는 특별위원회의 구성 및 운영에 관하여 그 밖에 필요한 사항은 대통령영으로 정한다.

---

① 2개   ② 3개

③ 4개   ④ 5개

⑤ 6개

2. 다음과 같이 작성된 기후변화에 따른 수자원 전망 보고서 내용을 검토한 팀장의 반응으로 적절하지 않은 것은?

부문		기후변화 영향(2050년)
자연환경	산림식생대	• 소나무 식생지역→경기북부, 강원 지역에만 분포 • 동백나무 등 난대 수종→서울에서 관찰 가능
	육상생태계	• 생태계 변화, 서식지 축소→생물다양성 감소 • 꽃매미 등 남방계 외래 곤충 증가 • 맷돼지 개체수 증가로 농작물 피해 확산

	해양생태계	• 제주 산호 군락지→백화현상
		• 난대성 어종 북상, 한 대성 어종 남하
		  - 꽃게어장 : 연평도 부근→북한 여행
		  - 참조기, 갈치 : 제주→전남 경남 연안
		  - 대구 : 동해, 경남 진해→전남 고흥, 여수

산업	농업	• 쌀, 과수·채소 등 품질저하, 생산성 감소
		  - 매년 2~4만ha 경작지 감소
		  - 기온 2°C 상승→사과 생산량(34%), 고랭지 배추 재배 면적(70% 이상) 감소
		• 품종개량 및 신품종 재배 기회 창출

	수산업	• 갯녹음 현상 확대, 대형 해파리 증가→어업·양식업 피해 발생 • 참치 등 난대성 어종 양식 기회 제공
	산업전반	• 산업생산 차질, 전력 수급 불안정 등 발생 • 기후친화형 산업, 관광·레저 부문 활성화
생활환경	물관리	• 하천 유역 도심지 홍수발생 가능성 증가 • 가뭄 발생, 생활·농업용수 수요 증가→물 부족
	해수면상승	• 해수면·해일고 상승→해안 저지대 범람, 침식 - 해수면 상승으로 여의도 면적 7.7배 범람(2025년) • 일부 방조제·항구 등 범람에 취약
	건강	• 폭염·열대야 1개월간 지속→노인, 환자 등 취약 • 말라리아, 뎅기열 등 아열대성 질병 증가 - 기온 1°C 상승→말라리아(3%), 쯔쯔가무시병(6%) 증가

① 아프리카로 출장 가는 사람들의 예방 접종률이나 경각심 고취 등에는 도움이 될 만한 변화군.

② 수온 상승으로 참치 가격이 내려가겠지만, 하천 밑바닥 저산소 현상으로 어류 생태계도 위험해질 수 있겠네.

③ 제방의 홍수방어 능력도 감소할 것 같고, 가뭄과 홍수가 보다 빈번해질 것 같아 걱정이 되는군.

④ 연평균 기온과 연평균 강수량이 오른다는 얘기군. 대책이 필요하겠어.

⑤ 한파로 인한 겨울철 저수온 현상 때문에 내가 좋아하는 대구가 인천 부근에서도 잡히겠는걸.

3. 다음에 제시된 글을 보고 이 글의 목적에 대해 바르게 나타낸 것은?

제목 : 사내 신문의 발행

1. 우리 회사 직원들의 원만한 커뮤니케이션과 대외 이미지를 재고하기 위하여 사내 신문을 발간하고자 합니다.
2. 사내 신문은 홍보지와 달리 새로운 정보와 소식지로써의 역할이 기대되오니 아래의 사항을 검토하시고 재가해주시기 바랍니다.

-아 래-

㉠ 제호 : We 서원인
㉡ 판형 : 140 × 210mm
㉢ 페이지 : 20쪽
㉣ 출간 예정일 : 2018. 1. 1.

별첨 견적서 1부

① 회사에서 정부를 상대로 사업을 진행하려고 작성한 문서이다.
② 회사의 업무에 대한 협조를 구하기 위하여 작성한 문서이다.
③ 회사의 업무에 대한 현황이나 진행상황 등을 보고하고자 하는 문서이다.
④ 회사 상품의 특성을 소비자에게 설명하기 위하여 작성한 문서이다.
⑤ 간단한 메모 형식으로 여러 사람이 차례로 돌려 보기 위해 작성한 문서이다.

4. 다음은 기업의 정기 주주 총회 소집 공고문이다. 이에 대한 설명으로 옳은 것을 모두 고른 것은?

[정기 주주 총회 소집 공고]

상법 제 361조에 의거 ㈜ ○○기업 정기 ㉮주주 총회를 아래와 같이 개최하오니 ㉯주주님들의 많은 참석 바랍니다.
－아 래－
1. 일시 : 2012년 3월 25일(일) 오후 2시
2. 장소 : 본사 1층 대회의실
3. 안건
  － 제1호 의안 : 제7기(2011. 1. 1 ~ 2011. 12. 31) 재무제표 승인의 건
  － 제2호 의안 : ㉰이사 보수 한도의 건
  － 제3호 의안 : ㉱감사 선임의 건
              － 생 략 －

㉠ ㉮는 이사회의 하위 기관이다.
㉡ ㉯는 증권 시장에서 주식을 거래할 수 있다.
㉢ ㉰는 별도의 절차 없이 대표 이사가 임명을 승인한다.
㉣ ㉱는 이사회의 업무 및 회계를 감시한다.

① ㉠㉡   ② ㉠㉢
③ ㉡㉣   ④ ㉢㉣
⑤ ㉡㉢㉣

5. 다음은 어느 공공기관에서 추진하는 '바람직한 우리 사회'를 주제로 한 포스터이다. 포스터의 주제를 가장 효과적으로 표현한 사원은?

① 甲 : 깨끗한 우리 사회, 부패 척결에서 시작합니다.
② 乙 : 밝고 따뜻한 사회, 작은 관심에서 출발합니다.
③ 丙 : 자연을 보호하는 일, 미래를 보호하는 일입니다.
④ 丁 : 맹목적인 기업 투자, 회사를 기울게 만들 수 있습니다.
⑤ 戊 : 복지사회 구현, 지금 시작해야 합니다.

6. 다음은 업무 중 자주 작성하게 되는 보고서의 작성요령을 설명한 글이다. 다음 작성요령을 참고하여 수정한 문구 중 적절하지 않은 것은?

> (1) 간단명료하게 작성 : 주로 쓰는 '~을 통해', '~하는 과정을 통해', '~에 관한', '~에 있어', '~지 여부', '~들', '~에 걸쳐' 등은 사족이 되는 경우가 많다.
> (2) 중복을 피한다. : 단어 중복, 구절 중복, 의미 중복, 겹말 피하기
> (3) 호응이 중요하다. : 주어와 서술어의 호응, 목적어와 서술어의 호응, 논리적 호응
> (4) 피동형으로 만들지 말 것 : 가급적 능동형으로 쓰기, 이중 피동 피하기
> (5) 단어의 위치에 신경 쓸 것 : 수식어는 수식되는 말 가까이에, 주어와 서술어는 너무 멀지 않게, 의미파악이 쉽도록 위치 선정

① 5월 5일 어린이날에 어린이들이 가장 원하는 선물은 휴대전화를 받는 것이다. → 5월 5일 어린이날에 어린이들이 가장 원하는 선물은 휴대전화이다.

② 시민들이 사고로 숨진 희생자들을 추모하기 위해 건물 앞 계단에 촛불을 늘어놓으며 애도를 표시하고 있다. → 사고로 숨진 희생자들을 추모하기 위해 시민들이 건물 앞 계단에서 촛불을 늘어놓으며 애도를 표시하고 있다.

③ 폭탄 테러를 막기 위해 건물 입구에 차량 진입 방지용 바리케이드를 이중 삼중으로 설치했다. → 폭탄 테러를 막기 위해 건물 입구에 차량 진입을 막기 위한 바리케이드를 이중 삼중으로 설치했다.

④ 투자자 보호에 관한 정책에 대해 신뢰하지 않는다. → 투자자를 보호하는 정책을 신뢰하지 않는다.

⑤ 인간에 의해 초래된 생태계의 인위적 변화 → 인간이 초래한 생태계의 인위적 변화

|7~8| 다음은 어느 회사 홈페이지에서 안내하고 있는 사회보장의 정의에 대한 내용이다. 물음에 답하시오.

> • '사회보장'이라는 용어는 유럽에서 실시하고 있던 사회보험의 '사회'와 미국의 대공황 시기에 등장한 긴급경제보장위원회의 '보장'이란 용어가 합쳐져서 탄생한 것으로 알려져 있다. 1935년에 미국이 「사회보장법」을 제정하면서 법률명으로서 처음으로 사용되었고, 이후 사회보장이라는 용어는 전 세계적으로 ㉠통용되기 시작하였다.
> • 제2차 세계대전 후 국제노동기구(ILO)의 「사회보장의 길」과 영국의 베버리지가 작성한 보고서 「사회보험과 관련 서비스」 및 프랑스의 라로크가 ㉡책정한 「사회보장계획」의 영향으로 각국에서 구체적인 사회정책으로 제도화되기 시작하였다.
> • 우리나라는 1962년 제5차 개정헌법 제30조 제2항에서 처음으로 '국가는 사회보장의 증진에 노력하여야 한다'고 규정하여 국가적 의무로서 '사회보장'을 천명하였고, 이에 따라 1963년 11월 5일 법률 제1437호로 전문 7개조의 「사회보장에 관한 법률」을 제정하였다.
> • '사회보장'이라는 용어가 처음으로 사용된 시기에 대해서는 대체적으로 의견이 일치하고 있으며 해당 용어가 전 세계적으로 ㉢파급되어 사용하고 있음에도 불구하고, '사회보장'의 개념에 대해서는 개인적, 국가적, 시대적, 학문적 관점에 따라 매우 다양하게 인식되고 있다.
> • 국제노동기구는 「사회보장의 길」에서 '사회보장'은 사회구성원들에게 발생하는 일정한 위험에 대해서 사회가 적절하게 부여하는 보장이라고 정의하면서, 그 구성요소로 전체 국민을 대상으로 해야 하고, 최저생활이 보장되어야 하며 모든 위험과 사고가 보호되어야 할뿐만 아니라 공공의 기관을 통해서 보호나 보장이 이루어져야 한다고 하였다.
> • 우리나라는 사회보장기본법 제3조 제1호에 의하여 "사회보장"이란 출산, ㉣양육, 실업, 노령, 장애, 질병, 빈곤 및 사망 등의 사회적 위험으로부터 모든 국민을 보호하고 국민 삶의 질을 향상 시키는데 필요한 소득·서비스를 보장하는 사회보험, 공공㉤부조, 사회서비스를 말한다'라고 정의하고 있다.

---

7. 사회보장에 대해 잘못 이해하고 있는 사람은?

① 영은 : '사회보장'이라는 용어가 법률명으로 처음 사용된 것은 1935년 미국에서였대.

② 원일 : 각국에서 사회보장을 구체적인 사회정책으로 제도화하기 시작한 것은 제2차 세계대전 이후구나.

③ 지민 : 사회보장의 개념은 어떤 관점에서 보느냐에 따라 매우 다양하게 인식될 수 있겠군.

④ 정현 : 국제노동기구의 입장에 따르면 개인에 대한 개인의 보호나 보장 또한 사회보장으로 볼 수 있어.

⑤ 우리나라 사회보장기본법에 따르면 사회보험, 공공부조, 사회서비스가 사회보장에 해당하는군.

8. 밑줄 친 단어가 한자로 바르게 표기된 것은?

① ㉠ 통용 – 通容
② ㉡ 책정 – 策正
③ ㉢ 파급 – 波及
④ ㉣ 양육 – 羊肉
⑤ ㉤ 부조 – 不調

9. 다음은 ○○기업의 입사지원서 중 자기소개서 평가의 일부이다. 이를 통해 기업이 평가하려고 하는 직업기초능력으로 적절한 것을 모두 고른 것은?

> ▶ 모집 분야 : ○○기업 고객 상담 센터
> – 고객과 상담 도중 고객의 의도를 정확하게 파악하여 자신의 뜻을 효과적으로 전달할 수 있는 방안을 서술하시오.
> – 예상하지 못했던 문제로 계획했던 일이 진행되지 않았을 때, 문제가 발생한 원인을 정확하게 파악하고 해결했던 경험을 서술하시오.

> ㉠ 수리능력   ㉡ 자원관리능력
> ㉢ 문제해결능력   ㉣ 의사소통능력

① ㉠㉡
② ㉠㉢
③ ㉡㉢
④ ㉢㉣
⑤ ㉡㉢㉣

10. 다음 지문이 미세먼지 관련 공공기관의 대국민 안내문일 경우, 연결되어 설명될 내용으로 가장 적절한 것은?

> 미세먼지의 건강 유해성에 대한 경각심이 높아지고 있다. 미세먼지는 눈에 안 보이는 지름 $10\mu m$ 이하(머리카락 굵기의 최대 7~8분의 1)의 작은 먼지로, 황산염, 질산염 등과 같은 독성물질이 들어 있다. 국립환경과학원 자료에 따르면 만성질환자, 고령자, 어린이는 미세먼지 농도가 $30\mu m/m^3$을 넘으면 기침, 안구 따가움, 피부 트러블 등의 증상이 나타난다. 미세먼지보다 입자가 작은(지름 $2.5\mu m$ 이하) 초미세먼지는 인체에 더 잘 침투하고, 건강에도 더 해롭다. 2013년 기준 서울의 미세먼지 농도는 $45\mu m/m^3$, 초미세먼지는 $25\mu m/m^3$였다. 미세먼지는 인체 위해성이 있는 만큼, 미세먼지를 피하고 미세먼지의 발생을 줄이는 것이 절실하다.
> 미세먼지는 눈, 피부, 폐 등 호흡기에 직접적인 영향을 미친다. 미세 먼지가 안구에 붙으면 염증과 가려움증을 유발하고, 모공 속으로 들어가 모공을 확대하고 피부염을 일으킨다. 폐로 들어가면 폐포를 손상시키고 염증반응을 일으킨다. 이로 인해 기침이나 천식이 악화된다. 미세먼지는 혈관을 뚫고 들어가 심장이나 뇌도 망가뜨린다.
> 캐나다 토론토종합병원 심장내과 연구팀이 건강한 성인 25명을 선정, 고농도의 미세먼지($150\mu m/m^3$)를 주입한 밀폐 공간에 2시간 동안 머물게 한 뒤 심전도 검사를 한 결과, 심장박동이 불규칙해지는 것으로 나타났다. 세브란스 심장내과 연구팀이 쥐 110마리의 혈액 속에 고농도의 미세먼지($200\mu m/mL$)를 주입했더니 혈액 속 산화 스트레스 농도가 39% 증가했다. 이에 따라 세포 속에 칼슘이 과도하게 많아지는 등 칼슘 대사 장애가 발생, 부정맥(심장박동이 불규칙한 병)이 생겼다.
> 미세먼지는 뇌에도 영향을 미친다. 뇌는 미세먼지와 같은 유해물질이 침투하기 가장 어려운 곳으로 알려져 있다. 혈액이 뇌 조직으로 들어갈 때 유해물질을 걸러내는 장벽이 있기 때문이다. 하지만 미세먼지가 이 장벽을 뚫고 뇌로 직접 침투할 수 있다는 사실이 동물실험에서 밝혀졌다. 미세먼지가 뇌 속으로 들어가면 염증반응이 일어나고 혈전이 생겨 뇌졸중이 유발될 수 있다. 신경세포 손상으로 인지기능도 떨어진다. 미세먼지 농도가 높은 곳에 사는 사람일수록 뇌 인지기능 퇴화 속도가 빠르다는 연구도 있다.

① 선진국의 미세먼지 대청 방법 소개
② 국제사회의 공동 대응책 논의 현황
③ 최근 미세먼지 질환의 발병률과 사례
④ 미세먼지의 예방과 발생 시 행동요령
⑤ 중국발 황사와 미세먼지의 연관성

11. 다음 토론의 '입론'에 대한 이해로 적절하지 못한 것은?

> 찬성 1 : 저는 한식의 표준화가 필요하다고 생각합니다. 이를 위해 한국을 대표하는 음식들의 조리법부터 표준화해야 합니다. 한식의 조리법은 복잡한 데다 계량화되어 있지 않은 경우가 많아서 조리하는 사람에 따라 많은 차이가 나게 됩니다. 게다가 최근에는 한식 고유의 맛과 모양에서 많이 벗어난 음식들까지 등장하여 한식 고유의 맛과 정체성을 흔들고 있습니다. 따라서 한국을 대표하는 음식들부터 식자재 종류와 사용량, 조리하는 방법 등을 일정한 기준에 따라 통일해 놓으면 한식 고유의 맛과 정체성을 지키는 데 큰 도움이 될 것입니다.
>
> 반대 2 : 한식의 표준화가 획일화를 가져와 한식의 다양성을 훼손할 수 있다는 생각은 안 해 보셨나요?
>
> 찬성 1 : 물론 해 보았습니다. 한식의 표준화가 한식의 다양성을 훼손할 수도 있지만, 한식 고유의 맛과 정체성을 지키기 위해서는 꼭 필요한 일입니다.
>
> 사회자 : 찬성 측 토론자의 입론과 이에 대한 교차 조사를 잘 들었습니다. 이어서 반대 측 토론자가 입론을 해 주시기 바랍니다.
>
> 반대 1 : 한식 고유의 맛과 정체성은 다른 데 있는 게 아니라 조리하는 사람의 깊은 손맛에 있다고 봅니다. 그런데 한식을 섣불리 표준화하면 이러한 한식 고유의 손맛을 잃어 버려 한식 고유의 맛과 정체성이 오히려 더 크게 훼손될 것입니다.
>
> 찬성 1 : 한식 조리법을 표준화하면 손맛을 낼 수 없다는 말씀이신가요?
>
> 반대 1 : 손맛은 조리하는 사람마다의 경험과 정성에서 우러나오는 것인데, 조리법을 표준화하면 음식에 이러한 것들을 담기 어려울 것입니다.
>
> 사회자 : 이어서 찬성과 반대 측 토론자의 두 번째 입론을 시작하겠습니다. 교차 조사도 함께 진행해 주시기 바랍니다.
>
> 찬성 2 : 저는 한식의 표준화가 한식의 세계화를 위해서도 꼭 필요하다고 생각합니다. 최근 케이팝(K-pop)과 드라마 등 한국 대중문화가 세계 속에 널리 알려지면서 우리 음식에 대한 세계인들의 관심이 점점 높아지고 있는데, 한식의 조리법이 표준화되어 있지 않아서 이것이 한식의 세계화에 걸림돌이 되고 있습니다. 얼마 전 외국의 한식당에 가 보니 소금에 절이지도 않은 배추를 고춧가루 양념에만 버무려 놓고, 이것을 김치로 판매하고 있더군요. 이런 문제들이 해결되어야 한식의 세계화가 원활하게 이루어질 것입니다.
>
> 반대 1 : 그것은 한식의 표준화보다 정책 당국의 관심과 적극적인 홍보를 통해 해결할 수 있는 문제가 아닐까요?
>
> 찬성 2 : 물론 그렇습니다. 그런데 한식의 표준화가 이루어져 있다면 정부의 홍보도 훨씬 쉬워질 것입니다.
>
> 반대 2 : 표준화가 되어 있지 않아도 외국에서 큰 호응을 얻고 있는 한식당들이 최근 점점 늘어가고 있습니다. 이런 추세를 감안할 때, 한식의 표준화가 한식의 세계화를 위해 꼭 필요한 것은 아니라고 생각합니다. 인도는 카레로 유명한 나라지만 표준화된 인도식 카레 같은 것은 없지 않습니까? 그리고 음식의 표준을 정한다는 것도 현실적으로 가능한 것인지 모르겠습니다. 세계인들의 입맛은 우리와 다르고 또 다양할 텐데 한식을 표준화하는 것은 오히려 한식의 세계화를 어렵게 할 수 있습니다.

① '찬성 1'은 한식 조리법의 특성과 최근의 부정적 상황을 논거로 제시하고 있다.

② '반대 1'은 한식의 표준화가 초래할 수 있는 부작용을 논거로 제시하고 있다.

③ '찬성 2'는 한식의 표준화가 여러 대안들 중 최선의 선택이라는 점을 부각하고 있다.

④ '반대 2'는 현황과 사례를 들어 한식의 표준화가 필요하지 않다는 논지를 강화하고 있다.

⑤ '반대 1'은 한식의 표준화가 한식의 정체성을 훼손할 것이라고 주장하고 있다.

12. 다음은 인력변경보고 업무처리 절차를 도식화한 것이다. 잘못 쓰여 진 글자는 모두 몇 개인가?

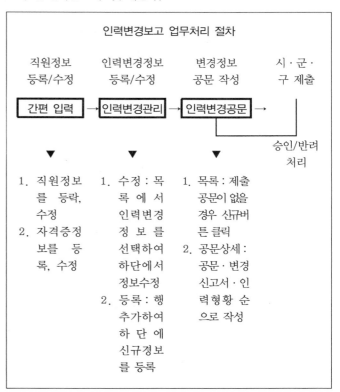

① 2개   ② 3개

③ 4개   ④ 5개

⑤ 6개

13. 다음 청첩장의 밑줄 친 용어를 한자로 바르게 표시하지 못한 것은?

알림

그동안 저희를 아낌없이 돌봐주신 여러 어른들과 지금까지 옆을 든든히 지켜준 많은 벗들이 모인 자리에서 저희 두 사람이 작지만 아름다운 <u>결혼식</u>을 올리고자 합니다. 부디 바쁘신 가운데 잠시나마 <u>참석</u>하시어 자리를 빛내주시고 새로운 <u>출발</u>을 하는 저희들이 오랫동안 행복하게 지낼 수 있도록 <u>기원</u>해 주시기 바랍니다.

이○○ · 김○○ 의 <u>장남</u> 지훈
박○○ · 최○○ 의 차녀 나영

다음

1. 일시 : 2020년 5월 15일 낮 12시 30분
2. 장소 : 경기도 고양시 ○○구 ○○동 행복웨딩홀 3층 사파이어홀
3. 연락처 : 123-456-7890

첨부 : 행복웨딩홀 장소 약도

---

① 결혼식 - 結婚式   ② 참석 - 參席

③ 출발 - 出發   ④ 기원 - 起源

⑤ 장남 - 長男

14. 다음 메모와 관련된 내용으로 옳지 않은 것은?

MEMO

To : All Staff

From : Robert Burns

Re : Staff meeting

This is just to remind everyone about the agenda for Monday's meeting. The meeting will be a combination of briefing and brainstorming session, Please come prepared to propose ideas for reorganizing the office! And remember that we want to maintain a positive atmosphere in the meeting. We don't criticize any ideas you share. All staff members are expected to attend meeting!

---

① 전 직원들에게 알리는 글이다.

② 간부들만 회의에 참석할 수 있음을 알리는 글이다.

③ 회의는 브리핑과 브레인스토밍 섹션으로 구성될 것이다.

④ 사무실 재편성에 관한 아이디어에 관한 회의가 월요일에 있을 것이다.

⑤ 회의는 긍정적인 분위기를 유지하기를 바란다.

15. 다음은 신입 사원이 작성한 기획서이다. 귀하가 해당 기획서를 살펴보니 수정해야 할 부분이 있어서 신입사원에게 조언을 해 주고자 한다. 다음 중 수정해야 할 부분이 아닌 것은?

<행사 기획서>

제목 : 홍보 행사에 대한 기획

2007년부터 지구 온난화에 대한 경각심을 일깨우기 위해 호주에서 시작된 지구촌 불끄기 행사는 세계 최대 규모의 민간자연보호단체인 세계자연보호기금(WWF)에서 약 한 시간가량 가정과 기업이 소등을 해 기후에 어떠한 변화로 나타나는지 보여주기 위한 행사입니다. 본 부서는 현재 135개국 이상 5000여 개의 도시가 참여를 하고 있는 이 운동을 알리고, 기후변화에 대한 인식을 확산하며 탄소 배출량을 감축시키기 위해 다음과 같은 홍보 행사를 진행하려고 합니다.

-다음-

(1) 일정 : 2020년 6월 30일

(2) 장소 : 광화문 앞 광장

(3) 예상 참여인원 : ○○명

2020년 4월 23일
홍보팀 사원 이○○

---

① 구체적으로 어떤 종류의 홍보 행사를 구성하고자 하는지 목차에 그 내용을 추가한다.

② 제목에 가두 홍보 행사라는 점을 드러내어 제목만으로도 기획서의 내용을 예상할 수 있도록 한다.

③ 기획서는 상대방이 채택하게 하는 것이 목적이므로 설득력을 높이기 위해 근거를 보강하고 세부 행사 기획 내용은 별첨한다.

④ 행사 담당 인원과 담당자가 누구인지 밝힌다.

⑤ 행사를 진행했을 대 거둘 수 있는 긍정적 기대효과에 대한 내용을 추가한다.

16. 다음은 학생들의 영어 성적과 수학 성적에 관한 상관도이다. 영어 성적에 비해 수학 성적이 높은 학생은?

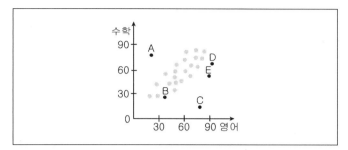

① A

② B

③ C

④ D

⑤ E

17. 다음 자료를 보고 바르게 설명한 것을 모두 고른 것은?

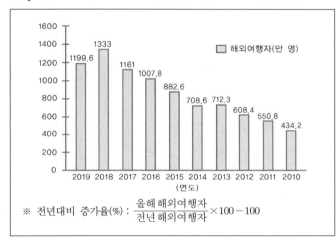

※ 전년대비 증가율(%) : $\dfrac{\text{올해 해외여행자}}{\text{전년 해외여행자}} \times 100 - 100$

(가) 2018년에는 전년대비 약 14.8% 증가한 1,333만 명이 해외여행을 다녀왔다.

(나) 해외여행인구는 계속 증가하였으나, 2014년과 2019년에만 감소하였다.

(다) 가장 많은 인구가 해외여행을 한 해는 2018년도이다.

(라) 2012년의 해외여행자 증가율은 약 15%이다.

① (가)(나)

② (가)(다)

③ (나)(라)

④ (가)(나)(다)

⑤ (나)(다)(라)

18. 민수와 동기 두 사람이 다음과 같이 게임을 하고 있다. 만약 같은 수의 앞면이 나오면 동기가 이긴다고 할 때 민수가 이길 수 있는 확률은 얼마인가?

- 민수는 10개의 동전을 던진다.
- 동기는 11개의 동전을 민수와 동시에 던진다.
- 민수가 동기보다 앞면의 개수가 많이 나오면 민수가 이긴다.
- 그렇지 않으면 동기가 이긴다.

① 10%

② 25%

③ 50%

④ 75%

⑤ 90%

19. 제품 한 개당 무게의 비가 5:4인 A, B 두 종류의 제품이 각각 창고에 적재되어 있다. 처음 두 창고에 적재된 총 A, B 제품들의 무게는 서로 동일하였으나, 각각 20개씩 출고하였더니 나머지 적재된 두 제품의 총 무게 비율은 4:5가 되었다. 이 때, 처음 창고에 넣은 A, B 제품 개수의 합은?

① 81개

② 82개

③ 83개

④ 84개

⑤ 85개

20. 어느 학교에서 500명의 학생들을 대상으로 A, B, C 3가지의 시험을 시행하여 다음과 같은 결과를 얻었다. A, B, C 시험에 모두 불합격한 학생은 몇 명인가?

- A의 합격자는 110명, B의 불합격자는 300명, C의 합격자는 200명이다.
- A와 C 모두에 합격한 학생은 45명, B와 C 모두에 합격한 학생은 60명이다.
- B에만 합격한 학생은 90명이다.
- 3가지 시험 모두에 합격한 학생은 30명이다.

① 140명

② 145명

③ 150명

④ 155명

⑤ 160명

21.
(주)서원산업은 신제품을 개발한 후 가격을 결정하기 위하여 시장조사를 하여 다음과 같은 결과를 얻었다. 이 결과를 감안할 때 판매 총액이 최대가 되는 신제품의 가격은 얼마인가?

> • 가격을 10만 원으로 하면 총 360대가 팔린다.
> • 가격을 1만 원 올릴 때마다 판매량은 20대씩 줄어든다.

① 11만 원 ② 12만 원
③ 13만 원 ④ 14만 원
⑤ 15만 원

22.
다음은 A사 직원들을 대상으로 대중교통을 이용하는 횟수에 대한 설문 조사를 한 결과를 나타낸 자료이다. 설문에 참여한 총인원의 월 평균 대중교통을 이용한 횟수가 65회라면 x에 알맞은 수는?

월 평균 대중교통 이용 횟수(회)	인원 수(명)
0~20	10
20~40	20
40~60	30
60~80	x
80~100	25
100~120	20

① 30 ② 32
③ 35 ④ 38
⑤ 40

23.
영희는 집에서부터 거리가 5km인 편의점과 집에서부터 거리가 $x$km인 도서관을 차례대로 갔다. 편의점까지는 시속 1km로 가고 도서관은 시속 2km로 갔을 때 10시간이 걸렸다고 한다. 집, 편의점, 도서관 순서대로 위치해있다면, 영희가 집에 돌아오는데 이동한 거리는?

① 15km ② 20km
③ 30km ④ 40km
⑤ 45km

24.
15%농도의 설탕물 300g에 설탕을 추가로 첨가했더니 농도가 36.25%가 되었다. 이때 추가한 설탕의 양은?

① 25g ② 50g
③ 75g ④ 100g
⑤ 125g

25.
공무원연금공단은 다음 기준에 따라 사망조위금을 지급하고 있다. 기준을 근거로 판단할 때 옳게 판단한 직원을 모두 고르면? (단, 사망조위금은 최우선 순위의 수급권자 1인에게만 지급한다)

〈사망조위금 지급기준〉

사망자	수급권자 순위	
공무원의 배우자·부모 (배우자의 부모 포함)·자녀	해당 공무원이 1인인 경우	해당 공무원
	해당 공무원이 2인 이상인 경우	1. 사망한 자의 배우자인 공무원 2. 사망한 자를 부양하던 직계비속인 공무원 3. 사망한 자의 최근친 직계비속인 공무원 중 최연장자 4. 사망한 자의 최근친 직계비속의 배우자인 공무원 중 최연장자 직계비속의 배우자인 공무원
공무원 본인	1. 사망한 공무원의 배우자 2. 사망한 공무원의 직계비속 중 공무원 3. 장례와 제사를 모시는 자 중 아래의 순위 　가. 사망한 공무원의 최근친 직계비속 중 최연장자 　나. 사망한 공무원의 최근친 직계존속 중 최연장자 　다. 사망한 공무원의 형제자매 중 최연장자	

> 甲 : A와 B는 비(非)공무원 부부이며 공무원 C(37세)와 공무원 D(32세)를 자녀로 두고 있다. 공무원 D가 부모님을 부양하던 상황에서 A가 사망하였다면, 사망조위금 최우선 순위 수급권자는 D이다.
> 乙 : A와 B는 공무원 부부로 비공무원 C를 아들로 두고 있으며, 공무원 D는 C의 아내이다. 만약 C가 사망하였다면, 사망조위금 최우선 순위 수급권자는 A이다.
> 丙 : 공무원 A와 비공무원 B는 부부이며 비공무원 C(37세)와 비공무원 D(32세)를 자녀로 두고 있다. A가 사망하고 C와 D가 장례와 제사를 모시는 경우, 사망조위금 최우선 순위 수급권자는 C이다.

① 甲 ② 乙
③ 丙 ④ 甲, 乙
⑤ 甲, 丙

┃ 26~27 ┃ 다음은 어느 지역의 열 요금표이다. 다음을 보고 물음에 답하시오.

구분	계약종별	용도	기본요금	사용요금
온수	주택	난방	계약면적 m^2당 52.4원	단기요금 : Mcal 당 64.35원 / 계절별 차등요금 • 춘추절기 : Mcal 당 63.05원 • 하절기 : Mcal당 56.74원 • 동절기 : Mcal 당 66.23원
		냉방		5~9월 : • 1단 냉동기 Mcal 당 25.11원
				5~9월 제외 : 난방용 사용요금 적용
	업무	난방	계약용량 Mcal/h당 397.79원	단일요금 : Mcal 당 64.35원 / 계절별 차등요금 • 수요관리 시간대 : Mcal당 96.10원 • 수요관리 이외의 시간대 : Mcal 당 79.38원
		냉방		5~9월 : • 1단 냉동기 Mcal 당 34.2원 • 2단 냉동기 Mcal 당 25.11원
				5~9월 제외 : 난방용 사용요금 적용
냉수		냉방	계약용량 Mcal/h당 • 0부터 1,000Mcal/h 까지 3,822원 • 다음 2,000Mcal/h 까지 2,124원 • 다음 3,000Mcal/h 까지 1,754원 • 3,000Mcal/h 초과 1,550원	Mcal당 • 첨두부하시간 : 135.41원 • 중간부하시간 : 104.16원 • 경부하시간 : 62.49원

26. 다음 중 요금표를 올바르게 이해하지 못한 것은?

① 냉수의 부하시간대는 춘추절기, 동절기, 하절기로 구분되어 차등 요금을 적용한다.
② 업무용 난방은 수요관리 이외의 시간대 요금이 더 저렴하다.
③ 냉수의 냉방용 기본요금은 1,000Mcal/h 마다 책정 요금이 다르다.
④ 업무용 난방 기본요금은 계약용량을 기준으로 책정된다.
⑤ 주택별 난방 사용요금은 계절마다 적용 단위요금이 다르다.

27. 계약면적이 $100m^2$인 A씨가 12월에 난방 계량기 사용량이 500Mcal일 때 요금을 얼마 납부해야하는가?

① 33,250원
② 38,355원
③ 33,355원
④ 38,250원
⑤ 35,550원

28. 다음은 ○○발전회사의 연도별 발전량 및 신재생에너지 공급 현황에 대한 자료이다. 이에 대한 설명으로 옳은 것만을 바르게 짝지은 것은?

○○발전회사의 연도별 발전량 및 신재생에너지 공급 현황

구분	연도	2015	2016	2017
발전량(GWh)		55,000	51,000	52,000
신재생 에너지	공급의무율(%)	1.4	2.0	3.0
	자체공급량(GWh)	75	380	690
	인증서구입량(GWh)	15	70	160

※ 공급의무율 $= \dfrac{공급의무량}{발전량} \times 100$

※ 이행량(GWh)＝자체공급량＋인증서구입량

 ㉠ 공급의무량은 매년 증가한다.
 ㉡ 2015년 대비 2017년 가제공급량의 증가율은 2015년 대비 2017년 인증서구입량의 증가율보다 작다.
 ㉢ 공급의무량과 이행량의 차이는 매년 증가한다.
 ㉣ 이행량에서 자체공급량이 차지하는 비중은 매년 감소한다.

① ㉠㉡
② ㉠㉢
③ ㉢㉣
④ ㉠㉡㉣
⑤ ㉡㉢㉣

29. 다음은 마야의 상형 문자를 기반으로 한 프로그램에 대한 설명이다. 제시된 (그림 4)가 산출되기 위해서 입력한 값은 얼마인가?

현재 우리는 기본수로 10을 사용하는 데 비해 이 프로그램은 마야의 상형 문자를 기본으로 하여 기본수로 20을 사용했습니다. 또 우리가 오른쪽에서 왼쪽으로 가면서 1, 10, 100으로 10배씩 증가하는 기수법을 쓰는 데 비해, 이 프로그램은 아래에서 위로 올라가면서 20배씩 증가하는 방법을 사용했습니다. 즉, 아래에서 위로 자리가 올라갈수록 1, 20, ……, 이런 식으로 증가하는 것입니다.

마야의 상형 문자에서 조개껍데기 모양은 0을 나타냅니다. 또한 점으로는 1을, 선으로는 5를 나타냈습니다. 아래의 (그림 1), (그림 2)는 이 프로그램에 0과 7을 입력했을 때 산출되는 결과입니다. 그림 (그림 3)의 결과를 얻기 위해서는 얼마를 입력해야 할까요? 첫째 자리는 5를 나타내는 선이 두 개 있으니 10이 되겠고, 둘째 자리에 있는 점 하나는 20을 나타내는데, 점이 두 개 있으니 40이 되겠네요. 그래서 첫째 자리의 10과 둘째 자리의 40을 합하면 50이 되는 것입니다. 즉, 50을 입력하면 (그림 3)과 같은 결과를 얻을 수 있습니다.

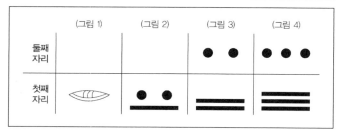

① 60 　　　　　　② 75

③ 90 　　　　　　④ 105

⑤ 110

30. 다음 표는 지역별 대형마트 수의 증감에 대한 자료이다. 2014년의 대형마트 수가 다음과 같을 때, 2011년의 대형마트 수가 가장 많은 지역과 가장 적은 지역을 바르게 짝지은 것은?

(단위 : %, 개)

지역	11년 대비 12년 증감률	12년 대비 13년 증감수	13년 대비 14년 증감수	14년 대형마트 수
A	2	1	−1	15개
B	1	0	−1	10개
C	−1	1	−3	6개
D	−1	−3	2	6개

	가장 많은 지역	가장 적은 지역
①	A	B
②	B	C
③	C	A
④	A	D
⑤	B	D

31. 다음 주어진 문장이 참이라 할 때, 항상 참이 되는 말은?

• 무한도전을 좋아하는 사람은 런닝맨도 좋아한다.
• 유재석을 좋아하는 사람은 무한도전도 좋아한다.
• 런닝맨을 좋아하는 사람은 하하를 좋아한다.

① 런닝맨을 좋아하는 사람은 무한도전도 좋아한다.
② 하하를 좋아하는 사람은 런닝맨도 좋아한다.
③ 무한도전을 좋아하지 않는 사람은 런닝맨도 좋아하지 않는다.
④ 하하를 좋아하지 않는 사람은 무한도전도 좋아하지 않는다.
⑤ 유재석을 좋아하는 사람은 하하를 좋아하지 않는다.

32. A, B, C, D, E 다섯 사람은 각각 (가), (나), (다), (라), (마) 회사에 다닌다. 다음 글을 보고 옳지 않은 것을 고르면?

• 가장 먼저 출근을 하는 사람은 (가)회사에 다닌다.
• 5사람 중 중간에 출근한 사람은 (마)회사에 다니며 A와 E는 아니다.
• A, B, C순으로 출근했으며, C보다 늦게 출근한 사람은 한 명이다.
• 두 번째로 출근한 사람은 E또는 A이며 (다)에 근무한다.
• E와 D 사이에 출근한 사람은 3명이다.
• C는 (라)회사에 다니고 있다.

① A는 두 번째로 출근했다.
② B는 (마)회사에 근무하지 않는다.
③ C는 4번째로 출근했으며 (라)에 다닌다.
④ D가 마지막으로 출근했다면 (나)에 근무한다.
⑤ E는 첫 번째 또는 마지막 순서로 출근했다.

33. 핸드폰을 제조하는 M기업에서는 기존에 있던 핸드폰 X, Y 외에 이번에 새로이 핸드폰 Z를 만들었다. 핸드폰 각각의 가격이나 기능, 모양은 아래에 있는 표와 같으며 M기업에서는 이번에 만든 Z를 이용하여 기존에 만들었던 X를 판매하려고 한다. 이 때 필요한 핸드폰 Z의 기준으로 알맞은 것은?

<핸드폰 비교>

	X	Y	Z
가격	A	B	C
기능	D	E	F
디자인	G	H	I
서비스 기간	J	K	L
사은품	M	N	O

<조건>
- 가격 : A가 B보다 값이 싸다.
- 기능 : D와 E의 기능은 같다.
- 디자인 : G는 H보다 모양이 좋다.
- 서비스 기간 : J는 K와 같다.

① O는 N보다 사은품이 많아야 한다.
② C는 A보다 값이 싸야 한다.
③ F는 E보다 기능이 좋아야 한다.
④ I는 G보다 디자인이 나빠야 한다.
⑤ L은 K보다 서비스 기간이 길어야 한다.

34. 다음은 정부에서 지원하는 〈귀농인 주택시설 개선사업 개요〉와 〈심사 기초 자료〉이다. 이를 근거로 판단할 때, 지원대상 가구만을 모두 고르면?

〈귀농인 주택시설 개선사업 개요〉
- 사업목적 : 귀농인의 안정적인 정착을 도모하기 위해 일정 기준을 충족하는 귀농가구의 주택 개·보수 비용을 지원
- 신청자격 : △△군에 소재하는 귀농가구 중 거주기간이 신청마감일(2014. 4. 30.) 현재 전입일부터 6개월 이상이고, 가구주의 연령이 20세 이상 60세 이하인 가구
- 심사기준 및 점수 산정방식
  - 신청마감일 기준으로 다음 심사기준별 점수를 합산한다.
  - 심사기준별 점수
    (1) 거주기간 : 10점(3년 이상), 8점(2년 이상 3년 미만), 6점(1년 이상 2년 미만), 4점(6개월 이상 1년 미만)
    ※ 거주기간은 전입일부터 기산한다.
    (2) 가족 수 : 10점(4명 이상), 8점(3명), 6점(2명), 4점(1명)
    ※ 가족 수에는 가구주가 포함된 것으로 본다.
    (3) 영농규모 : 10점(1.0 ha 이상), 8점(0.5 ha 이상 1.0 ha 미만), 6점(0.3 ha 이상 0.5 ha 미만), 4점(0.3 ha 미만)
    (4) 주택노후도 : 10점(20년 이상), 8점(15년 이상 20년 미만), 6점(10년 이상 15년 미만), 4점(5년 이상 10년 미만)
    (5) 사업시급성 : 10점(매우 시급), 7점(시급), 4점(보통)
- 지원내용
  - 예산액 : 5,000,000원
  - 지원액 : 가구당 2,500,000원
  - 지원대상 : 심사기준별 점수의 총점이 높은 순으로 2가구. 총점이 동점일 경우 가구주의 연령이 높은 가구를 지원. 단, 하나의 읍·면당 1가구만 지원 가능

〈심사 기초 자료(2014. 4. 30. 현재)〉

귀농가구	가구주 연령 (세)	주소지 (△△군)	전입일	가족 수 (명)	영농규모 (ha)	주택노후도 (년)	사업시급성
甲	49	A	2010. 12. 30	1	0.2	17	매우 시급
乙	48	B	2013. 5. 30	3	1.0	13	매우 시급
丙	56	B	2012. 7. 30	2	0.6	23	매우 시급
丁	60	C	2013. 12. 30	4	0.4	13	시급
戊	33	D	2011. 9. 30	2	1.2	19	보통

① 甲, 乙
② 甲, 丙
③ 乙, 丙
④ 乙, 丁
⑤ 丙, 戊

35. 다음과 같이 예산이 소요되는 다섯 개의 프로젝트가 있다. 이 프로젝트들은 향후 5년간 모두 완수되어야 한다. 연도별 가용 예산과 규정은 다음과 같다. 이 내용을 해석하여 바르게 설명한 것은?

〈프로젝트별 기간 및 소요 예산〉
- A 프로젝트 – 총 사업기간 2년, 1차년도 1억 원, 2차년도 4억 원 소요
- B 프로젝트 – 총 사업기간 3년, 1차년도 15억 원, 2차년도 18억 원, 3차년도 21억 원 소요
- C 프로젝트 – 총 사업기간 1년, 15억 원 소요
- D 프로젝트 – 총 사업기간 2년, 1차년도 15억 원, 2차년도 8억 원 소요
- E 프로젝트 – 총 사업기간 3년, 1차년도 6억 원, 2차년도 12억 원, 3차년도 24억 원 소요

〈연도별 가용 예산〉
- 1차년도 – 20억 원
- 2차년도 – 24억 원
- 3차년도 – 28억 원
- 4차년도 – 35억 원
- 5차년도 – 40억 원

〈규정〉
- 모든 사업은 시작하면 연속적으로 수행하여 끝내야 한다.
- 모든 사업은 5년 이내에 반드시 완료하여야 한다.
- 5개 프로젝트에 할당되는 예산은 남는 것은 상관없으나 부족해서는 안 되며, 남은 예산은 이월되지 않는다.

---

① A, D 프로젝트를 첫 해에 동시에 시작해야 한다.
② B 프로젝트를 세 번째 해에 시작하고, C 프로젝트는 최종 연도에 시행한다.
③ 첫 해에는 D 프로젝트를 수행해야 한다.
④ 첫 해에는 E 프로젝트만 수행해야 한다.
⑤ 5년 차에 진행되고 있는 프로젝트는 3개 이상이다.

36. 다음 제시문을 읽고 바르게 추론한 것은?

A회사에서는 1,500명의 소속직원들이 마실 생수를 구입하기로 하였다. 모든 조건이 동일한 두 개의 생수회사가 최종 경쟁을 하게 되었다. 구입 담당자는 직원들에게 시음하게 하여 직원들이 가장 좋아하는 생수를 선정하고자 하였다. 다음과 같은 절차를 통해 담당자가 시음회를 주관하였다.
- 직원들로부터 더 많이 선택 받은 생수회사를 최종적으로 선정한다.
- 생수 시음회 참여를 원하는 직원을 대상으로 신청자를 접수하고 그 중 남자 15명과 여자 15명을 무작위로 선정하였다.
- 두 개의 컵을 마련하여 하나는 1로 표기하고 다른 하나는 2로 표기하여 회사이름을 가렸다.
- 참가직원들은 1번 컵의 생수를 마신 후 2번 컵의 생수를 마시고 둘 중 어느 쪽을 선호하는지 표시하였다.

㈎ 참가자들이 특정 번호를 선호할 가능성을 고려하지 못하였다.
㈏ 참가자의 절반은 2번 컵을 먼저 마시고 1번 컵을 나중에 마시도록 했어야 한다.
㈐ 우리나라의 남녀 비율이 50:50이므로 남자직원과 여자직원을 동수로 뽑은 것은 적절하였다.
㈑ 참가자가 무작위로 선정되었으므로 전체 직원에 대한 대표성이 확보되었다.

---

① ㈎, ㈏
② ㈎, ㈐
③ ㈏, ㈐
④ ㈏, ㈑
⑤ ㈐, ㈑

37. 부모를 대상으로 부모 – 자녀 간 대화의 실태를 조사하고자 한다. 아래 설문지에 추가해야 할 문항으로 가장 적절한 것은?

- 일주일에 자녀와 몇 번 대화를 하십니까?
- 자녀와 부모님 중 누가 먼저 대화를 시작하십니까?
- 자녀와의 정서적 대화가 얼마나 중요하다고 생각하십니까?
- 직접 대화 외에 다른 대화 방법(예 이메일, 편지 등)을 활용하십니까?

---

① 선호하는 대화의 장소는 어디입니까?
② 우울하십니까?
③ 직장에 다니십니까?
④ 자녀와 하루에 대화하는 시간은 어느 정도입니까?
⑤ 자녀의 생일을 알고 계십니까?

38. K사의 총무부 직원(A, B, C, D, E, F)과 인사부 직원(甲, 乙, 丙, 丁)은 부서 당 1명 씩 2인 1조를 이루어 다음 달부터 매일 당직 근무를 서야 한다. 다음 달 1일 A와 甲이 함께 근무를 서고 위에 적은 명단 순서로 돌아가면서 조를 이루어 당직 근무를 설 경우, 함께 근무를 설 수 없는 직원의 조합은?

① F － 乙
② B － 丁
③ C － 甲
④ D － 丙
⑤ E － 丙

39. 직업이 각기 다른 A, B, C, D 네 사람이 여행을 떠나기 위해 기차의 한 차 안에 앉아 있다. 네 사람은 모두 색깔이 다른 옷을 입었고 두 사람씩 얼굴을 마주하고 앉아 있다. 그 중 두 사람은 왼쪽에 있는 창문 쪽에, 나머지 두 사람은 통로 쪽에 앉아 있으며 다음과 같은 사실들을 알고 있다. 다음에서 이 모임의 회장과 부회장의 직업을 순서대로 바르게 짝지은 것은?

> (ㄱ) 경찰은 B의 왼쪽에 앉아 있다.
> (ㄴ) A는 파란색 옷을 입고 있다.
> (ㄷ) 검은색 옷을 입고 있는 사람은 의사의 오른쪽에 앉아 있다.
> (ㄹ) D의 맞은편에 외교관이 앉아 있다.
> (ㅁ) 선생님은 초록색 옷을 입고 있다.
> (ㅂ) 경찰은 창가에 앉아 있다.
> (ㅅ) 갈색 옷을 입은 사람이 모임 회장이며, 파란색 옷을 입은 사람이 부회장이다.
> (ㅇ) C와 D는 서로 마주보고 앉아있다.

① 회장 － 의사   부회장 － 외교관
② 회장 － 의사   부회장 － 경찰
③ 회장 － 경찰   부회장 － 의사
④ 회장 － 외교관   부회장 － 선생님
⑤ 회장 － 외교관   부회장 － 의사

❙40~41❙ 다음은 국민연금의 사업장 가입자 자격취득 신고와 관련한 내용의 안내 자료이다. 다음을 읽고 이어지는 물음에 답하시오.

> 가. 신고대상
>   (1) 18세 이상 60세 미만인 사용자 및 근로자(단, 본인의 신청에 의해 적용 제외 가능)
>   (2) 단시간근로자로 1개월 이상, 월 60시간(주 15시간) 이상 일하는 사람
>   (3) 일용근로자로 사업장에 고용된 날부터 1개월 이상 근로하고, 근로일수가 8일 이상 또는 근로시간이 월 60시간 이상인 사람
>   ※ 단, 건설일용근로자는 공사현장을 사업장 단위로 적용하며, 1개월간 근로일수가 20일 이상인 경우 사업장 가입자로 적용
>   (4) 조기노령연금 수급권자로서 소득이 있는 업무에 종사하거나, 본인이 희망하여 연금지급이 정지된 사람
>   ※ 소득이 있는 업무 종사 : 월 2,176,483원(2017년 기준, 사업소득자 필요경비 공제 후 금액, 근로소득자 근로 소득공제 후 금액)이 넘는 소득이 발생되는 경우
>   (5) 월 60시간 미만인 단시간근로자 중 생업목적으로 3개월 이상 근로를 제공하기로 한 대학 시간강사 또는 사용자 동의를 받아 근로자 적용 희망하는 사람
> 나. 근로자의 개념
>   (1) 근로자 : 직업의 종류에 관계없이 사업장에서 노무를 제공하고 그 대가로 임금을 받아 생활하는 자(법인의 이사, 기타 임원 포함)
>   (2) 근로자에서 제외되는 자
>   • 일용근로자나 1개월 미만의 기한을 정하여 사용되는 근로자
>   ※ 다만, 1개월 이상 계속 사용되는 경우에는 자격 취득신고 대상임
>   • 법인의 이사 중 「소득세법」에 따른 근로소득이 발생하지 않는 사람
>   • 1개월 동안의 소정근로시간이 60시간 미만인 단시간근로자. 다만, 해당 단시간근로자 중 생업을 목적으로 3개월 이상 계속하여 근로를 제공하는 사람으로서, 대학시간강사와 사용자의 동의를 받아 근로자로 적용되기를 희망하는 사람은 제외함
>   • 둘 이상 사업장에 근로를 제공하면서 각 사업장의 1개월 소정근로시간의 합이 60시간 이상인 사람으로서 1개월 소정근로시간이 60시간 미만인 사업장에서 근로자로 적용되기를 희망하는 사람(2016. 1. 1. 시행)
>   (3) 생업 목적 판단 기준 : 생업 목적은 원칙적으로 "다른 직업이 없는 경우"를 말하며, 다음의 경우에는 다른 직업이 있는 것으로 보아 생업 목적에 해당되지 않음
>   • 국민연금 사업장가입자로 이미 가입되어 있거나,
>   • 국민연금 지역가입자(소득신고자에 한함)로 사업자등록자의 경우 또는 다른 공적소득이 많은 경우

다. 자격취득시기

   (1) 사업장이 1인 이상의 근로자를 사용하게 된 때

   (2) 국민연금 적용사업장에 근로자 또는 사용자로 종사하게 된 때

   (3) 임시·일용·단시간근로자가 당연적용 사업장에 사용된 때 또는 근로자로 된 때

   (4) 국민연금 가입사업장의 월 60시간 미만 단시간근로자 중 생업을 목적으로 3개월 이상 근로를 제공하는 사람(대학 시간강사 제외)의 가입신청이 수리된 때

   (5) 둘 이상의 사업장에서 1개월 소정근로시간의 합이 60시간 이상이 되는 단시간근로자의 가입신청이 수리된 때

     ※ 신고를 하지 않는 경우 근로자의 청구 또는 공단 직권으로 확인 시 자격 취득

40. 다음 중 위 안내 자료의 내용을 올바르게 이해한 것은 어느 것인가?

① 근로일수가 8일 이상인 건설일용근로자는 신고대상이 된다.

② 월 300만 원의 세후 소득이 있는 조기노령연금 수급권자는 신고대상이 될 수 없다.

③ 근로시간이 월 70시간인 1년 계약 대학 시간강사는 신고대상이 될 수 있다.

④ 자격취득 신고 대상자가 신고를 하지 않아 공단에서 확인된 경우에는 반드시 근로자의 신고 절차가 있어야 신고대상이 될 수 있다.

⑤ 지역가입자 중 공적소득이 많은 것으로 인정되는 자는 근로자의 개념에 포함되지 않는다.

41. 다음 보기에 제시된 사람 중 국민연금 사업장 가입자 자격 취득 신고를 해야 하는 사람은 누구인가?

① 두 개의 사업장에서 도합 60시간 근로하는 사람으로 추가 사업장에서 매주 2시간씩의 근로를 제공하는 근로자가 되기를 희망하는 자

② 월 50시간, 3개월 계약 조건을 맺은 생업을 목적으로 한 대학 시간강사

③ 근로계약 기간을 연장 없이 처음부터 1개월 미만으로 정하고 근로를 시작한 근로자

④ K사(법인)의 명예직 전무이사로 소득이 발생하지 않는 자

⑤ 4개월의 근로계약을 맺었으나 월 근로시간이 50~59시간 사이로 예정되어 있는 자

42. 다음과 같은 문제 상황을 인지한 H사는 우형의 행위를 절도로 판단하고 이를 위한 대책을 수립하려고 한다. 이러한 문제 상황에 봉착한 H사가 가장 먼저 해야 할 일로 적절한 것은 다음 중 어느 것인가?

우형은 H사의 기술연구소 기술고문으로 근무하면서 주도적으로 첨단기술 제조공법을 개발했음에도 뚜렷한 상여금이나 인센티브를 받지 못하고 승진에서도 누락된 사실을 알고 불만을 품게 됐다. 당시 반도체 분야에 새로 진출하고자 하는 경쟁업체인 A사에서 이와 같은 사실을 알고 우형이 H사에서 받던 급여조건보다 월등하게 좋은 연봉, 주택제공 등의 조건을 제시하여 우형을 영입하기로 했다.

우형은 A사의 상무이사로 입사하기로 하고, H사의 기술 및 영업 자료를 향후 A사의 생산 및 판매 자료로 활용할 것을 마음먹고 H사 사무실에서 회사의 기술상·영업상의 자료들인 매출단가 품의서, 영업추진계획, 반도체 조립공정 문제점 및 개선대책 등을 서류가방에 넣어 가지고 나와 이를 A사에 넘겨주었다.

① 인센티브나 승진 문제 등 우형의 행위가 촉발된 근본 원인을 찾아낸다.

② 어떻게 자료 유출이 가능했는지를 확인하고 우형과 A사에 대한 대응방안을 정확히 수립한다.

③ 자료 유출 시의 전 직원에 대한 강화되고 엄격해진 규정을 마련하여 즉시 실시한다.

④ 강화된 보안 대책과 함께 컴퓨터 파일 유출을 방지할 수 있는 기술 도입을 검토한다.

⑤ 사내 보안상의 허점을 파악하고 직원 출퇴근 시의 자료 유출 가능성을 분석한다.

❙43~44❙ 甲은 일본 후쿠오카로 출장을 가게 되었다. 출장에서 들러야 할 곳은 지요겐초구치(H03), 무로미(K02), 후쿠오카공항(K13), 자야미(N09), 덴진미나미(N16)의 다섯 곳으로, 모든 이동은 지하철로 하는데 지하철이 한 정거장을 이동하는 데에는 3분이 소요되며 다른 노선으로 환승을 하는 경우에는 10분이 소요된다. 다음 물음에 답하시오.

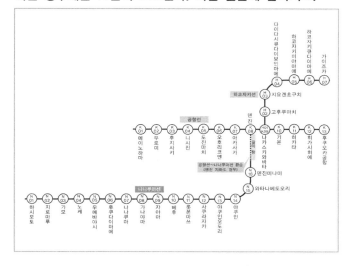

43. 甲은 지금 후쿠오카공항역에 있다. 현재 시간이 오전 9시라면, 지요겐초구치역에 도착하는 시간은?

① 9시 28분
② 9시 31분
③ 9시 34분
④ 9시 37분
⑤ 9시 40분

44. 지요겐초구치 → 무로미 → 후쿠오카공항 → 자야미 → 덴진미나미의 순으로 움직인다면, 덴진역은 총 몇 번 지나는가?

① 2번
② 3번
③ 4번
④ 5번
⑤ 6번

45. 甲 주식회사의 감사위원회는 9인으로 구성되어 있다. 다음에 제시된 법률 규정에서 밑줄 친 부분에 해당하지 않는 사람은?

감사위원회는 3인 이상의 이사로 구성한다. 다만 <u>다음 각 호에 해당하는</u> 자가 위원의 3분의 1을 넘을 수 없다.
1. 회사의 업무를 담당하는 이사 및 피용자(고용된 사람) 또는 선임된 날부터 2년 이내에 업무를 담당한 이사 및 피용자이었던 자
2. 최대 주주가 자연인인 경우 본인, 배우자 및 직계존·비속
3. 최대 주주가 법인인 경우 그 법인의 이사, 감사 및 피용자
4. 이사의 배우자 및 직계존·비속
5. 회사의 모회사 또는 자회사의 이사, 감사 및 피용자
6. 회사와 거래관계 등 중요한 이해관계에 있는 법인의 이사, 감사 및 피용자
7. 회사의 이사 및 피용자가 이사로 있는 다른 회사의 이사, 감사 및 피용자

① 甲 주식회사 최대 주주 A의 법률상의 배우자
② 甲 주식회사와 하청계약을 맺고 있는 乙 주식회사의 감사 B
③ 甲 주식회사 이사 C의 자녀
④ 甲 주식회사의 모회사인 丁 주식회사의 최대 주주 F
⑤ 甲 주식회사의 직원 E가 이사로 있는 戊 주식회사의 이사 H

46. 신입사원 교육을 받으러 온 직원들에게 나눠준 조직도를 보고 사원들이 나눈 대화이다. 다음 중 조직도를 올바르게 이해한 사원을 모두 고른 것은?

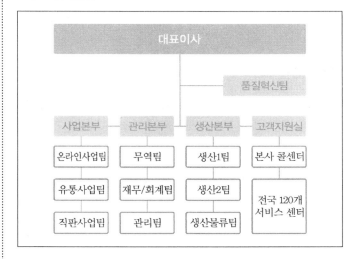

A : 조직도를 보면 본사는 3개 본부, 1개 지원실, 콜센터를 포함한 총 10개 팀으로 구성되어 있군.
B : 그런데 품질혁신팀은 따로 본부에 소속되어 있지 않고 대표이사님 직속으로 소속되어 있네.
C : 전국의 서비스센터는 고객지원실에서 관리해.

① A
② B
③ A, C
④ B, C
⑤ A, B, C

47. K사의 생산 제품은 다음과 같은 특징을 갖고 있다. 이 경우 K사가 취할 수 있는 경영전략으로 가장 적절한 것은?

- 다수의 소규모 업체들이 경쟁하며 브랜드의 중요성이 거의 없다.
- 특정 계층의 구분 없이 동일한 제품이 쓰인다.
- 생산 방식과 공정이 심플하다.
- 지속적으로 사용해야 하는 소모품이다.
- 대중들에게 널리 보급되어 있다.
- 특별한 기술력이 요구되지 않는다.
- 제품 생산 노하우가 공개되어 있다.

① 모방 전략
② 차별화 전략
③ SNS 전략
④ 집중화 전략
⑤ 원가우위 전략

48. 다음과 관련된 개념은 무엇인가?

조직이 지속되게 되면서 조직구성원들 간에 공유되는 생활 양식이나 가치로 조직구성원들의 사고와 행동에 영향을 미치며 일체감과 정체성을 부여하고 조직이 안정적으로 유지되게 한다. 최근 조직문화에 대한 중요성이 부각되면서 긍정적인 방향으로 조성하기 위한 경영층의 노력이 이루어지고 있다.

① 조직의 규칙
② 조직문화
③ 조직목표
④ 조직위계
⑤ 조직구조

┃49~50┃ 다음 조직도를 보고 물음에 답하시오.

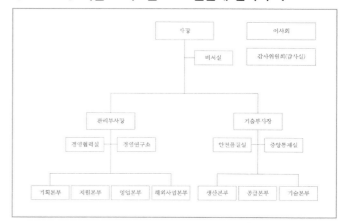

49. 위 조직도에 대한 설명으로 적합하지 않은 것은?

① 위와 같은 조직구조의 형태를 '기능적 조직구조'라고 한다.
② 산하 조직의 수가 더 많은 관리부사장이 기술부사장보다 강력한 권한과 지위를 갖는다.
③ 일반적으로 위와 같은 형태의 조직구조는 급변하는 환경 변화에 효과적으로 대응하고 제품, 지역, 고객별 차이에 신속하게 적응하기에 적절한 구조가 아니다.
④ 위와 같은 조직도를 통해 조직에서 하는 일은 무엇이며, 조직구성원들이 어떻게 상호작용하는지 파악할 수 있다.
⑤ 업무의 내용이 유사하고 관련성 있는 업무를 결합해서 조직을 구성하였다.

50. 조직 및 인적 구성을 한눈에 알 수 있게 해 주는 위와 같은 조직도를 참고할 때, 하위 7개 본부 중 '인사노무처'와 '자원기술처'라는 명칭의 조직이 속한다고 볼 수 있는 본부로 가장 적절한 것은?

① 지원본부, 기술본부
② 지원본부, 생산본부
③ 기획본부, 생산본부
④ 기획본부, 공급본부
⑤ 영업본부, 공급본부

한국환경공단

직업기초능력평가 모의고사

제 3 회	영 역	의사소통능력, 수리능력, 문제해결능력, 조직이해능력
	문항수	50문항
	시 간	60분
	비 고	객관식 5지선다형

SEOWONGAK
(주)서원각

제3회 직업기초능력평가

1. 원고 甲은 피고 乙을 상대로 대여금반환청구의 소를 제기하였다. 이후 절차에서 甲은 丙을, 乙은 丁을 각각 증인으로 신청하였으며 해당 재판부(재판장 A, 합의부원 B와 C)는 丙과 丁을 모두 증인으로 채택하였다. 다음 내용을 바탕으로 옳은 것은?

제1조
① 증인신문은 증인을 신청한 당사자가 먼저 하고, 다음에 다른 당사자가 한다.
② 재판장은 제1항의 신문이 끝난 뒤에 신문할 수 있다.
③ 재판장은 제1항과 제2항의 규정에 불구하고 언제든지 신문할 수 있다.
④ 재판장은 당사자의 의견을 들어 제1항과 제2항의 규정에 따른 신문의 순서를 바꿀 수 있다.
⑤ 당사자의 신문이 중복되거나 쟁점과 관계가 없는 때, 그 밖에 필요한 사정이 있는 때에 재판장은 당사자의 신문을 제한할 수 있다.
⑥ 합의부원은 재판장에게 알리고 신문할 수 있다.
제2조
① 증인은 따로따로 신문하여야 한다.
② 신문하지 않은 증인이 법정 안에 있을 때에는 법정에서 나가도록 명하여야 한다. 다만 필요하다고 인정한 때에는 신문할 증인을 법정 안에 머무르게 할 수 있다.
제3조 재판장은 필요하다고 인정한 때에는 증인 서로의 대질을 명할 수 있다.
제4조 증인은 서류에 의하여 진술하지 못한다. 다만 재판장이 허가하면 그러하지 아니하다.
※ 당사자 : 원고, 피고를 가리킨다.

---

① 丙을 신문할 때 A는 乙보다 먼저 신문할 수 없다.
② 甲의 丙에 대한 신문이 쟁점과 관계가 없는 때, A는 甲의 신문을 제한할 수 있다.
③ A가 丁에 대한 신문을 乙보다 甲이 먼저 하게 하려면, B와 C의 의견을 들어야 한다.
④ 丙과 丁을 따로따로 신문해야 하는 것이 원칙이지만, B는 필요하다고 인정한 때 丙과 丁의 대질을 명할 수 있다.
⑤ 丙이 질병으로 인해 서류에 의해 진술하려는 경우 A의 허가를 요하지 않는다.

2. 공문서를 작성할 경우, 명확한 의미의 전달은 의사소통을 하는 일에 있어 가장 중요한 요소라고 할 수 있다. 다음 제시된 문장 중 명확하지 않은 중의적 의미를 포함한 문장이 아닌 것은?

① 울면서 떠나는 민희에게 형석이는 손을 흔들었다.
② 참석자가 모두 오지 않아서 회의를 진행할 수 없다.
③ 대학 동기동창이던 서연이과 민준이는 지난 달 결혼을 하였다.
④ 그녀를 기다리고 있던 주하는 길 건너편에서 모자를 쓰고 있었다.
⑤ 그곳까지 간 김에 나는 소희와 주은이를 만나고 돌아왔다.

3. 다음 글의 문맥상 빈 칸 ㉠에 들어갈 가장 적절한 말을 고르시오.

여름이 빨리 오고 오래 가다보니 의류업계에서 '쿨링'을 컨셉으로 하는 옷들을 앞 다투어 내놓고 있다. 그물망 형태의 옷감에서 냉감을 주는 멘톨(박하의 주성분)을 포함한 섬유에 대한 접근방식도 제각각이다. 그런데 가까운 미래에는 미생물을 포함한 옷이 이 대열에 합류할지도 모르겠다. 박테리아 같은 미생물은 여름철 땀 냄새의 원인이라는데 어떻게 옷에 쓰일 수 있을까.

생물계에서 흡습형태변형은 널리 관찰되는 현상이다. 솔방울이 대표적인 예로 습도가 높을 때는 비늘이 닫혀있어 표면이 매끈한 덩어리로 보이지만 습도가 떨어지면 비늘이 삐죽삐죽 튀어나온 행태로 바뀐다. 밀이나 보리의 열매(낱알) 끝에 달려 있는 까끄라기도 습도가 높을 때는 한 쌍이 거의 나란히 있지만 습도가 낮아지면 서로 벌어진다. 이런 현상은 한쪽 면에 있는 세포의 길이가 반대 쪽 면에 있는 세포에 비해 습도에 더 민감하게 변하기 때문이다. 즉 습도가 낮아져 세포 길이가 짧아지면 그쪽 면을 향해 휘어지는 것이다.

MIT의 연구자들은 미생물을 이용해서도 이런 흡습형태변형을 구현할 수 있는지 알아보기로 했다. 즉 습도에 영향을 받지 않는 재질인 천연라텍스 천에 농축된 대장균 배양액을 도포해 막을 형성했다. 대장균은 별도의 접착제 없이도 소수성 상호작용을 하기 때문에 라텍스에 잘 달라붙는다. 라텍스 천의 두께는 150~500㎛이고 대장균 막의 두께는 1~5㎛다. 이 천을 상대습도 15%인 건조한 곳에 두자 대장균 세포에서 수분이 빠져나가며 대장균 막이 도포된 쪽으로 휘어졌다. 이 상태에서 상대습도 95%인 곳으로 옮기자 천이 서서히 펴지며 다시 평평해졌다. 이 과정을 여러 차례 반복해도 같은 현상이 재현됐다.

연구자들은 원자현미경으로 대장균 막을 들여다봤고 상대습도에 따라 크기(부피)가 변한다는 사실을 확인했다. 즉 건조한 곳에서는 대장균 세포부피가 30% 정도 줄어드는 데 이 효과가 천에서 세포들이 나란히 배열된 쪽을 수축시키는 현상으로 나타나 그 방향으로 휘어지는 것이다. 연구자들은 이런 흡습형태변형이 대장균만의 특성인지 미생물의 일반 특성인지 알아보기 위해 몇 가지 박테리아와 단세포 진핵생물인 효모에 대해서도 같은 실험을 해봤다. 그 결과 정도의 차이는 있었지만 패턴은 동일했다.

다음으로 연구자들은 양쪽 면에 미생물이 코팅된 천이 쿨링 소재로 얼마나 효과적인지 알아보기로 했다. 연구팀은 흡습형태변형이 효과를 낼 수 있도록 독특한 형태로 옷을 디자인했다. 즉, (㉠   )

그 결과 공간이 생기면서 땀의 배출을 도왔다. 측정 결과 미생물이 코팅된 천으로 만든 옷을 입을 경우 같은 형태의 일반 천으로 만든 옷에 비해 피부 표면 공기의 온도가 2도 정도 낮아 쿨링 효과가 있는 것으로 나타났다.

① 땀이 흐르는 등과 천 사이에 일정한 공간이 유지될 수 있도록 천에 미생물 코팅 면을 부착해 공간 사이로 땀이 흘러내리며 쿨링 효과를 일으킬 수 있도록 디자인했다.

② 땀이 나서 습도가 올라가면 등 쪽의 세포 길이가 짧아질 것을 고려해 천이 안쪽으로 휘어져 공간이 생길 수 있도록 디자인했다.

③ 땀이 많이 나는 등 쪽에 칼집을 낸 형태로 만들어 땀이 안 날 때는 평평하다가 땀이 나면 피부 쪽 면의 습도가 높아져 미생물이 팽창해 천이 바깥쪽으로 휘어지도록 디자인했다.

④ 미생물이 코팅된 천이 땀으로 인한 습도의 영향을 잘 받을 수 있도록 옷의 안쪽 면에 부착하여 옷의 바깥쪽과는 완전히 다른 환경을 유지할 수 있도록 디자인했다.

⑤ 체온이 높은 등 쪽으로 천이 휘어지게 되는 성질을 이용해 평상시에는 옷이 바깥쪽으로 더 튀어나오도록 디자인했다.

| 4~6 | 다음 글을 읽고 물음에 답하시오.

㈎ 일상생활이 너무나 피곤하고 고단할 때, 힘든 일에 지쳐 젖은 솜처럼 몸이 무겁고 눈이 빨갛게 충혈 됐을 때, 단잠처럼 달콤한 게 또 있을까? 우리는 하루 평균 7~8시간을 잔다. 하루의 3분의 1을 잠을 자는 데 쓰는 것이다. 어찌 생각하면 참 아까운 시간이다. 잠을 자지 않고 그 시간에 열심히 일을 해서 돈을 번다면 부자가 되지 않을까? 여기서 잠시 A라는 학생의 생활을 살펴보자.

㈏ A는 잠자는 시간이 너무 아깝다. 그래서 잠을 안자고 열심히 공부하기로 작정한다. A에게 하루쯤 밤을 새는 것은 흔한 일이다. 졸리고 피곤하긴 하지만, 그런대로 학교생활을 해 나갈 수 있다. 하지만, 하루가 지나고 이틀이 지나니 그 증상이 훨씬 심해진다. 눈은 ㉠뻑뻑하고 눈꺼풀은 천 근처럼 무겁다. 옆에서 누가 소리를 지르지 않으면 금방 잠에 빠져 버리고 만다. A는 잠을 자지 않기 위해서 쉴 새 없이 움직인다. 하지만, 너무 졸려서 도저히 공부를 할 수가 없다. 결국 A는 모든 것을 포기하고 깊은 잠에 빠져 버리고 만다.

㈐ 만일, 누군가가 강제로 A를 하루나 이틀 더 못 자게 한다면 어떻게 될까? A는 자기가 있는 곳이 어디인지, 또 자기가 무슨 일을 하러 여기에 와 있는지조차 가물가물할 것이다. 앞에 앉은 사람의 얼굴도 잘 몰라보고 이상한 물체가 보인다고 횡설수설할지도 모른다. 수면 ㉡박탈은 예로부터 ㉢중죄인을 고문하는 방법으로 이용될 정도로 견디기 어려운 것이었다.

㈑ A가 이처럼 잠을 못 잤다면 부족한 잠을 고스란히 보충해야 할까? 그렇지는 않다. 예를 들어, 매일 8시간씩 자던 사람이 어느 날 5시간밖에 못 잤다고 해서 3시간을 더 잘 필요는 없다. 우리 몸은 그렇게 계산적이지 않다. 어쩌면 A가 진짜 부러워해야 할 사람은 나폴레옹이나 에디슨일지도 모른다. 이 두 사람은 역사상 밤잠안 자는 사람으로 유명했다. 하지만, 이들은 진짜 잠을 안 잔 것이 아니라, 효과적으로 수면을 취했던 것이다. 나폴레옹은 말안장 위에서도 잠을 잤고, ㉣워털루 전투에서도 틈틈이 낮잠을 즐겼다고 한다. 에디슨도 마찬가지였다. 에디슨의 친구 한 사람은 "그는 다른 사람에게 말을 거는 동안에도 잠 속에 빠지곤 했지."라고 말하였다.

㈒ 그러면 우리는 왜 잠을 잘까? 왜 인생의 3분의 1을 잠으로 보내야만 할까? 뒤집어 생각해 보면, 잠을 자고 있는 것이 우리의 정상적인 모습이고, 잠을 자지 않는 것은 여러 자극 때문에 어쩔 수 없이 깨어 있는 비정상적인 모습인지도 모른다. ㉤과연 잠을 자고 있을 때와 깨어 있을 때, 우리의 뇌에는 어떠한 일이 일어나고 있을까?

4. 주어진 글에서 A의 예를 통하여 글쓴이가 궁극적으로 말하고자 하는 바는?

① 잠을 많이 자야 건강을 유지할 수 있다.
② 잠을 안 자면 정상적인 생활을 할 수 없다.
③ 단잠은 지친 심신을 정상적으로 회복시킨다.
④ 잠을 덜 자기 위해서는 많은 고통을 겪어야 한다.
⑤ 잠은 많이 잘수록 건강에 도움이 된다.

5. ㈜에서 '나폴레옹'과 '에디슨'의 공통점으로 알맞은 것은?

① 불면증에 시달렸다.
② 효과적으로 수면을 취했다.
③ 일반인보다 유난히 잠이 많았다.
④ 꿈과 현실을 잘 구분하지 못했다.
⑤ 항상 바쁘게 생활했다.

6. ㉠~㉤ 중 사전(事典)을 찾아보아야 할 단어는?

① ㉠   ② ㉡
③ ㉢   ④ ㉣
⑤ ㉤

7. 다음 내용은 방송 대담의 한 장면이다. 이를 통해 알 수 있는 것은?

> 사회자 : '키워드로 알아보는 사회' 시간입니다. 의료 서비스 시장 개방이 눈앞의 현실로 다가오고 있습니다. 이와 관련하여 오늘은 먼저 의료 서비스 시장의 특성에 대해서 알아보겠습니다. 김 박사님 말씀해주시죠.
>
> 김 박사 : 일반적인 시장에서는 소비자가 선택할 수 있는 상품의 폭이 넓습니다. 목이 말라 사이다를 마시고 싶은데, 사이다가 없다면 대신 콜라를 마시는 식이지요. 하지만 의료 서비스 시장은 다릅니다. 의료 서비스 시장에서는 음료수를 고르듯 아무 병원이나, 아무 의사에게 갈 수는 없습니다.
>
> 사회자 : 의료 서비스는 일반 시장의 상품과 달리 쉽게 대체할 수 있는 상품이 아니라는 말씀이군요.

> 김 박사 : 예, 그렇습니다. 의료 서비스라는 상품은 한정되어 있다는 특성이 있습니다. 우선 일정한 자격을 가진 사람만 의료 행위를 할 수 있기 때문에 의사의 수는 적을 수밖에 없습니다. 의사의 수가 충분하더라도 소비자, 즉 환자가 만족할 만한 수준의 병원을 설립하는 데는 더 큰 비용이 들죠. 그래서 의사와 병원의 수는 의료 서비스를 받고자 하는 사람보다 항상 적을 수밖에 없습니다.
>
> 사회자 : 그래서 종합 병원에 항상 그렇게 많은 환자가 몰리는군요. 저도 종합 병원에 가서 진료를 받기 위해 오랜 시간을 기다린 적이 많습니다. 그런데 박사님…… 병원에 따라서는 환자에게 불필요한 검사까지 권하는 경우도 있다고 하던데요…….
>
> 김 박사 : 그것은 '정보의 비대칭성'이라는 의료 서비스 시장의 특성과 관련이 있습니다. 의료 지식은 매우 전문적이어서 환자들이 자신의 증상에 관한 정보를 얻기가 어렵습니다. 그래서 환자는 의료 서비스를 수동적으로 받아들일 수밖에 없습니다. 중고차 시장을 생각해 보시면 될 텐데요, 중고차를 사려는 사람이 중고차 판매자를 통해서만 차에 관한 정보를 얻을 수 있는 것과 마찬가지입니다.
>
> 사회자 : 중고차 판매자는 중고차의 좋지 않은 점을 숨길 수 있으니 정보가 판매자에게 집중되는 비대칭성을 나타낸다고 보면 될까요?
>
> 김 박사 : 맞습니다. 의료 서비스 시장도 중고차 시장과 마찬가지로 소비자의 선택에 불리한 구조로 이루어져 있습니다. 따라서 의료 서비스 시장을 개방하기 전에는 시장의 특수한 특성을 고려해 소비자가 피해보는 일이 없도록 많은 논의가 이루어져야 할 것입니다.

① 의료 서비스 수요자의 증가와 의료 서비스의 질은 비례한다.
② 의료 서비스 시장에서는 공급자 간의 경쟁이 과도하게 나타난다.
③ 의료 서비스 시장에서는 소비자의 의료 서비스 선택의 폭이 좁다.
④ 의료 서비스 공급자와 수요자 사이에는 정보의 대칭성이 존재한다.
⑤ 의료 서비스 시장 개방은 결과적으로 득보다 실이 많을 것이다.

8. 다음 한 쌍의 단어와 같은 의미관계를 나타내는 단어의 조합이 아닌 것은?

질박 : 소박

① 경계 : 구획

② 거취 : 진퇴

③ 허두 : 서두

④ 정밀 : 조악

⑤ 문책 : 질책

9. 다음 중 업무상의 의사소통능력을 배양하기 위한 올바른 방법으로 보기 어려운 것은?

① 사용하는 언어를 단순화할 필요가 있다. 자신이 쓰는 전문용어가 항상 상대방도 이해할 수 있는 용어라고 판단해서는 안 된다.

② 상대방의 이야기를 들으며 메모지를 꺼내 필기하는 것은 상대방의 집중력을 떨어뜨리는 요인이 되므로 업무상 대화 시 필기는 지양한다.

③ 의사소통의 왜곡에서 오는 오해와 부정확성을 줄이기 위해 전달자는 적절한 피드백을 통해 메시지의 내용이 실제로 어떻게 해석되고 있는가를 확인할 필요가 있다.

④ 자신의 감정을 억제하려고 노력하며, 자신이 평정을 찾을 때까지 의사소통을 연기해 보는 것도 좋은 방법이 될 수 있다.

⑤ 상대방의 입장에서 생각하려고 노력하면서 감정을 이입할 때, 현재 일어나고 있는 의사소통에서 무엇이 이야기 되고 있는가를 주의 깊게 경청할 수 있게 된다.

10. 다음 중 올바른 태도로 의사소통을 하고 있지 않은 사람은?

① 종민 : 상대방이 이해하기 쉽게 표현한다.

② 찬연 : 상대방이 어떻게 받아들일 것인가를 고려한다.

③ 백희 : 정보의 전달에만 치중한다.

④ 세운 : 의사소통의 목적을 알고 의견을 나눈다.

⑤ 준현 : 비언어적인 표현을 적절히 활용한다.

11. 다음의 글을 읽고 김 씨가 의사소통능력을 향상시키기 위해 노력한 것은 무엇인가?

직장인 김 씨는 자주 동료들로부터 다른 사람들의 이야기를 흘려듣거나 금새 잊어버린다는 이야기를 많이 들어 어떤 일을 하더라도 늦거나 실수하는 경우가 많이 발생한다. 그리고 같은 일을 했음에도 불구하고 다른 직원들보다 남겨진 자료가 별로 없는 것을 알게 되었다. 그래서 김 씨는 항상 메모하고 기억하려는 노력을 하기로 결심하였다.

그 후 김 씨는 회의시간은 물론이고, 거래처 사람들을 만날 때. 공문서를 읽거나 책을 읽을 때에도 메모를 하려고 열심히 노력하였다. 모든 상황에서 메모를 하다보니 자신만의 방법을 터득하게 되어 자신만 알 수 있는 암호로 더욱 간단하고 신속하게 메모를 할 수 있게 되었다. 또한 메모한 내용을 각 주제별로 분리하여 자신만의 데이터베이스를 만들기에 이르렀다. 이후 갑자기 보고할 일이 생겨도 자신만의 데이터베이스를 이용하여 쉽게 처리를 할 수 있게 되며 일 잘하는 직원으로 불리게 되었다.

① 경청하기   ② 메모하기

③ 따라하기   ④ 검토하기

⑤ 고쳐쓰기

12. 다음은 환경공단의 특정 직군에 대한 채용 공고문의 일부 내용이다. 다음 내용을 읽고 바르게 이해하지 않은 것은?

<일정>

구분	일정	장소	비고
서류전형	3/6(금)	–	
필기전형	3/11(수)	경기	세부사항 별도 공지
면접전형	3/16(월)	환경공단 인재개발원	일산동구 마두동
합격자 발표	3/20(금)	–	채용 홈페이지
입사예정일	4/1(수)	–	별도 안내

* 본인 확인을 위한 추가사항 입력 안내
• 목적 : 필기시험 및 종합면접 시 본인 확인용
• 대상 : 1차 전형(서류전형) 합격자
• 입력사항 : 주민등록상 생년월일, 본인 증명사진
• 입력방법 : 채용홈페이지 1차 전형(서류전형) 합격자 발표 화면에서 입력
• 입력기간 : 서류전형 합격 발표시점 ~ 3.9(월)까지

<블라인드 채용 안내>
• 입사지원서 상 사진 등록란, 학교명, 학점, 생년월일 등 기재란 없음
• 이메일 기재 시 학교명, 특정 단체명이 드러나는 메일 주소 기재 금지
• 지원서 및 자기소개서 작성 시 개인 인적사항(출신학교, 가족관계 등) 관련 내용 일체 기재 금지
• 입사지원서에 기재한 성명, 연락처 및 서류전형 합격자 발표 화면에서 등록한 생년월일 등은 면접전형 시 블라인드 처리됨

<기타사항>
• 채용 관련 세부일정 및 장소는 당사 채용 홈페이지를 통해 공지
• 지원인원 미달 또는 전형 결과 적격자가 없는 경우 선발하지 않을 수 있음
• 지원서 및 관련 서류를 허위로 작성 · 제출하는 경우, 시험 부정행위자 등은 불합격 처리하고, 향후 5년간 우리 회사 입사 지원이 제한됨
• 지원서 작성 시 기재 착오 등으로 인한 불합격이나 손해에 대한 모든 책임은 지원자 본인에게 있으므로 유의하여 작성
• 각 전형 시 신분증(주민등록증, 여권, 운전면허증 중 1개)과 수험표를 반드시 지참하여야 하며, 신분증 미지참 시 응시불가
※ 신분증 분실 : 거주지 관할 주민센터에서 발급받은 '주민등록증 발급신청 확인서' 지참

① 합격자 발표는 본인이 직접 확인해야 하며, 자사 홈페이지에서 채용 관련 안내에 따라 확인할 수 있다.
② 블라인드 채용 시 입사지원서에 개인 인적사항을 적을 수 없지만, 전형 과정에서 본인 확인용으로 필요한 경우 생년월일을 기재하도록 요청할 수 있다.
③ 학교 이름이 들어가는 이메일 주소는 적을 수 없으며, 학교를 인식할 수 있는 어떤 사항도 기재해서는 안 된다.
④ 인적사항은 본인 확인용으로 면접 시 필요하여 요청 한 사항이므로 사진과 생년월일 등 본인 확인에 필요한 최소 사항만 공개하면 된다.
⑤ 채용 인원에 미달되는 경우는 당사의 임의 결정으로 채용 인원을 선발하지 않을 수 있다.

13. A 무역회사에 다니는 乙 씨는 회의에서 발표할 '해외 시장 진출 육성 방안'에 대해 다음과 같이 개요를 작성하였다. 이를 검토하던 甲이 지시한 내용 중 잘못된 것은?

> Ⅰ. 서론
> • 해외 시장에 진출한 우리 회사 제품 수의 증가 …… ㉠
> • 해외 시장 진출을 위한 장기적인 전략의 필요성
>
> Ⅱ. 본론
> 1. 해외 시장 진출의 의의
> • 다른 나라와의 경제적 연대 증진 …… ㉡
> • 해외 시장 속 우리 회사의 위상 제고
> 2. 해외 시장 진출의 장애 요소
> • 해외 시장 진출 관련 재정 지원 부족
> • 우리 회사에 대한 현지인의 인지도 부족 …… ㉢
> • 해외 시장 진출 전문 인력 부족
> 3. 해외 시장 진출 지원 및 육성 방안
> • 재정의 투명한 관리 …… ㉣
> • 인지도를 높이기 위한 현지 홍보 활동
> • 해외 시장 진출 전문 인력 충원
>
> Ⅲ. 결론
> • 해외 시장 진출의 전망 …… ㉤

① ㉠ : 해외 시장에 진출한 우리 회사 제품 수를 통계 수치로 제시하면 더 좋겠군.
② ㉡ : 다른 나라에 진출한 타 기업 수 현황을 근거 자료로 제시하면 더 좋겠군.
③ ㉢ : 우리 회사에 대한 현지인의 인지도를 타 기업과 비교해 상대적으로 낮음을 보여주면 효과적이겠군.
④ ㉣ : Ⅱ-2를 고려할 때 '해외 시장 진출 관련 재정 확보 및 지원'으로 수정하는 것이 좋겠군.

⑤ ⓜ : 해외 시장 진출 전망을 단기와 장기로 구분하여 그래프 등 시각적인 자료로 제시하면 한눈에 파악하기 쉽겠군.

┃14~15┃ 다음 글을 읽고 물음에 답하시오.

오랫동안 인류는 동물들의 희생이 수반된 육식을 당연하게 여겨왔으며 이는 지금도 진행 중이다. 그런데 이에 대해 윤리적 문제를 제기하며 채식을 선택하는 경향이 생겨났다. 이러한 경향을 취향이나 종교, 건강 등의 이유로 채식하는 입장과 구별하여 '윤리적 채식주의'라고 한다. 그렇다면 윤리적 채식주의 관점에서 볼 때, 육식의 윤리적 문제점은 무엇인가?

육식의 윤리적 문제점은 크게 개체론적 관점과 생태론적 관점으로 나누어 살펴볼 수 있다. 개체론적 관점에서 볼 때, 인간과 동물은 모두 존중받아야 할 '독립적 개체'이다. 동물도 인간처럼 주체적인 생명을 영위해야 할 권리가 있는 존재이다. 또한 동물도 쾌락과 고통을 느끼는 개별 생명체이므로 그들에게 고통을 주어서도, 생명을 침해해서도 안 된다. 요컨대 동물도 고유한 권리를 가진 존재이기 때문에 동물을 단순히 음식 재료로 여기는 인간 중심주의적인 시각은 윤리적으로 문제가 있다.

한편 ㉠생태론적 관점에서 볼 때, 지구의 모든 생명체들은 개별적으로 존재하는 것이 아니라 서로 유기적으로 연결되어 존재한다. 따라서 각 개체로서의 생명체가 아니라 유기체로서의 지구 생명체에 대한 유익성 여부가 인간 행위의 도덕성을 판단하는 기준이 되어야 한다. 그러므로 육식의 윤리성도 지구 생명체에 미치는 영향에 따라 재고되어야 한다. 예를 들어 대량 사육을 바탕으로 한 공장제 축산업은 인간에게 풍부한 음식 재료를 제공한다. 하지만 토양, 수질, 대기 등의 환경을 오염시켜 지구 생명체를 위협하므로 윤리적으로 문제가 있다.

결국 우리의 육식이 동물에게든 지구 생명체에든 위해를 가한다면 이는 윤리적이지 않기 때문에 문제가 있다. 인류의 생존을 위한 육식은 누군가에게는 필수불가결한 면이 없지 않다. 그러나 인간이 세상의 중심이라는 시각에 젖어 그동안 우리는 인간 이외의 생명에 대해서는 윤리적으로 무감각하게 살아왔다. 육식의 윤리적 문제점은 인간을 둘러싼 환경과 생명을 새로운 시각으로 바라볼 것을 요구하고 있다.

14. 제시된 글의 중심 내용으로 가장 적절한 것은?

① 윤리적 채식의 기원
② 육식의 윤리적 문제점
③ 지구 환경 오염의 실상
④ 윤리적 채식주의자의 권리
⑤ 채식이 인체에 미치는 효과

15. ㉠을 지닌 사람들이 다음에 대해 보일 반응으로 가장 적절한 것은?

옥수수, 사탕수수 등을 원료로 하는 바이오 연료는 화석 연료에 비해 에너지 효율은 낮지만 기존의 화석 연료를 대체하는 신재생 에너지로 주목받고 있다. 브라질에서는 넓은 면적의 열대우림을 농경지로 개간하여 바이오 연료를 생산함으로써 막대한 경제적 이익을 올리고 있다. 하지만 바이오 연료는 생산과정에서 화학비료나 농약 등을 과도하게 사용하여 여러 환경문제를 발생시켰다. 또한 식량자원을 연료로 사용함으로써 저개발국의 식량보급에 문제를 발생시켰다.

① 바이오 연료 생산으로 열대우림이 파괴되는 것도 인간에게 이익이 되는 일이라면 가치가 있다.
② 바이오 연료는 화석 연료에 비해 에너지 효율이 낮지만, 대체 에너지 자원으로 적극 활용해야 한다.
③ 바이오 연료가 식량 문제를 발생시켰지만, 신재생 에너지이므로 환경 문제를 해결하는 데에는 긍정적이다.
④ 바이오 연료는 친환경 에너지원으로 보이지만, 그 생산 과정을 고려하면 지구 생명체에 유해한 것으로 보아야 한다.
⑤ 바이오 연료 생산을 위해 더 많은 열대우림을 농경지로 개간해야 한다.

16. 다음 표는 일정한 규칙으로 문자를 나열한 것이다. 빈칸에 들어갈 알맞은 문자는?

G	I	K	M
E	M	O	Q
C	K		S
A	Y	W	U

① H
② I
③ J
④ K
⑤ L

17. 주사위를 3번 던질 때, 3번 모두 4이상의 숫자가 나올 확률은?

① $\dfrac{1}{2}$ ② $\dfrac{1}{4}$

③ $\dfrac{1}{8}$ ④ $\dfrac{7}{12}$

⑤ $\dfrac{13}{36}$

18. 증명사진 6장을 뽑는 데 4000원이고 한 장씩 더 추가할 때마다 200원씩 받는다고 할 때, 사진을 몇 장 이상 뽑으면 1장의 가격이 400원 이하가 되는가?

① 11장 ② 12장

③ 13장 ④ 14장

⑤ 15장

19. 다음은 'A'국의 4대 범죄 발생건수 및 검거건수에 대한 자료이다. 이에 대한 설명으로 옳지 않은 것은?

〈2013 ～ 2017년 4대 범죄 발생건수 및 검거건수〉

(단위 : 건, 천 명)

연도 \ 구분	발생건수	검거건수	총인구	인구 10만 명당 발생건수
2013	15,693	14,492	49,194	31.9
2014	18,258	16,125	49,346	( )
2015	19,498	16,404	49,740	39.2
2016	19,670	16,630	50,051	39.3
2017	22,310	19,774	50,248	44.4

〈2017년 4대 범죄 유형별 발생건수 및 검거건수〉

(단위 : 건)

범죄 유형 \ 구분	발생건수	검거건수
강도	5,753	5,481
살인	132	122
절도	14,778	12,525
방화	1,647	1,646
합계	22,310	19,774

① 인구 10만 명당 4대 범죄 발생건수는 매년 증가한다.

② 2014년 이후, 전년대비 4대 범죄 발생건수 증가율이 가장 낮은 연도와 전년대비 4대 범죄 검거건수 증가율이 가장 낮은 연도는 동일하다.

③ 2017년 발생건수 대비 검거건수 비율이 가장 낮은 범죄 유형의 발생건수는 해당 연도 4대 범죄 발생건수의 60% 이상이다.

④ 2017년 강도와 살인 발생건수의 합이 4대 범죄 발생건수에서 차지하는 비율은 2017년 강도와 살인 검거건수의 합이 4대 범죄 검거건수에서 차지하는 비율보다 높다.

⑤ 2017년 범죄 발생건수 중 방화가 차지하는 비율과 2017년 검거건수 중 방화가 차지하는 비율의 차는 1% 이하이다.

20. 다음은 정기 예금과 가계 대출의 평균 금리 추이에 관한 신문 기사이다. 이와 같은 추이가 지속될 경우 나타날 수 있는 현상을 모두 고른 것은?

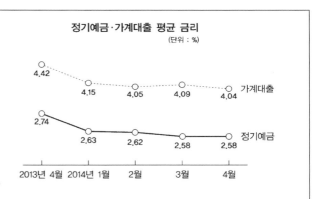

초저금리 기조가 이어지면서 저축성 수신 금리와 대출 금리 모두 1996년 통계를 내기 시작한 이후 역대 최저 수준을 기록했다. 한국은행에 따르면 2014년 4월 말 신규 취급액을 기준으로 정기 예금 평균 금리는 연 2.58 %, 가계 대출 평균 금리는 연 4.04 %로 역대 최저치를 기록했다.

> ㉠ 예대 마진은 점차 증가할 것이다.
> ㉡ 요구불 예금 금리는 점차 증가할 것이다.
> ㉢ 변동 금리로 대출을 받는 고객이 점차 증가할 것이다.
> ㉣ 정기 예금 가입 희망자 중 고정 금리를 선호하는 고객이 점차 증가할 것이다.

① ㉠㉡ ② ㉠㉢

③ ㉡㉢ ④ ㉢㉣

⑤ ㉡㉢㉣

21. 다음은 5개 지역의 출퇴근 방법에 관한 자료이다. 이에 대한 설명으로 옳지 않은 것은?(단, 중복으로 투표한 사람은 없다.)

<표 1> 출퇴근 수단

(단위 : %)

구분	대중교통	자가용	도보
A	68	21	11
B	73	12	15
C	85	9	6
D	82	13	5

<표 2> 지역별 출퇴근 시 대중교통 이용 현황

(단위 : %)

구분	지하철	버스	버스＋지하철
A	20	27	53
B	31	29	40
C	18	33	49
D	25	25	50

① A지역에서 <표 1>에 설문 조사를 한 사람이 500명이라면 걸어서 출퇴근을 하는 사람은 55명이다.
② B지역 사람은 자가용을 이용하는 것보다 도보로 출퇴근하는 사람이 3% 많다.
③ 사람들은 출퇴근 시 대중교통을 가장 많이 이용하고 그 중에서도 버스와 지하철을 함께 이용하는 사람이 가장 많다.
④ C 지역에서 <표 1>에 투표한 사람이 300명이라면 약 84명이 버스만 이용한다.
⑤ D지역에서 지하철을 이용하는 사람의 비율은 25%이다.

22. 다음은 지역별 대기정보를 나타낸 자료이다. 다음 자료와 설명을 보고 지역명이 바르게 짝지어 진 것을 고르시오.

(단위 : ppm)

구분	오존	이산화질소	일산화탄소	아황산가스
A	0.021	0.025	0.5	0.003
B	0.009	0.030	0.4	0.003
C	0.003	0.027	0.6	0.003
D	0.021	0.019	0.7	0.002
E	0.022	0.016	0.5	0.002
F	0.007	0.021	0.4	0.005
G	0.022	0.023	0.4	0.003

- 오존의 평균 수치보다 낮은 지역은 대구, 부산, 울산이다.
- 이산화질소의 평균 수치와 동일한 수치인 지역은 경기이다.
- 일산화탄소의 평균 수치와 동일한 수치의 지역은 광주와 서울이다.
- 아황산가스의 평균 수치와 동일하지 않은 수치의 지역은 광주, 인천, 울산이다.
- 대구와 부산 중 대기오염 수치가 더 높은 지역은 대구이다.

① A – 인천
② B – 부산
③ C – 울산
④ D – 서울
⑤ E – 대구

|23~24| 다음은 국내 온실가스 배출현황을 나타낸 표이다. 물음에 답하시오.

(단위 : 백만 톤 CO₂ eq.)

구분	2005년	2006년	2007년	2008년	2009년	2010년	2011년
에너지	467.5	473.9	494.4	508.8	515.1	568.9	597.9
산업공정	64.5	63.8	60.8	60.6	57.8	62.6	63.4
농업	22.0	21.8	21.8	21.8	22.1	22.1	22.0
폐기물	15.4	15.8	14.4	14.3	14.1	x	14.4
LULUCF	−36.3	−36.8	−40.1	−42.7	−43.6	−43.7	−43.0
순배출량	533.2	538.4	551.3	562.7	565.6	624.0	654.7
총배출량	569.4	575.3	591.4	605.5	609.1	667.6	697.7

23. 2010년 폐기물로 인한 온실가스 배출량은? (단, 총배출량＝에너지＋산업공정＋농업＋폐기물)

① 14.0
② 14.1
③ 14.2
④ 14.3
⑤ 14.4

24. 전년대비 총배출량 증가율이 가장 높은 해는?

① 2007년
② 2008년
③ 2009년
④ 2010년
⑤ 2011년

25. 다음은 A, B, C의원에서 1차 진료를 받은 후 X, Y, Z대학병원에서 2차 진료를 받는 환자 수를 나타낸 표이다. 의원에서 진료 받은 전체 환자들 중 X, Y, Z대학병원에서 진료 받은 환자들의 비율은 각각 얼마인가? (반올림하여 소수 첫째 자리까지만 표시한다.)

	X	Y	Z
A	25	18	22
B	17	22	28
C	20	30	24

① 30.0%, 34.0%, 35.8%

② 30.0%, 33.9%, 35.9%

③ 30.0%, 34.0%, 35.9%

④ 30.1%, 34.0%, 35.9%

⑤ 30.1%, 33.9%, 35.8%

26. 甲은 서울에서 부산까지 시속 5km로 이동하고 서울로는 시속 8km의 속도로 돌아왔다. 도착시간은 출발시간으로부터 7시간이 지나있었으며, 부산에서 2시간은 도보로 이동했다면, 서울에서 부산까지 거리는 얼마인가? (거리는 반올림하여 소수 첫째 자리까지 표시한다)

① 15.1km ② 15.2km

③ 15.3km ④ 15.4km

⑤ 15.5km

27. 다음은 갑과 을의 시계 제작 실기시험 지시서의 내용이다. 을의 최종 완성 시간과 유휴 시간은 각각 얼마인가? (단, 이동 시간은 고려하지 않는다.)

[각 공작 기계 및 소요 시간]
1. 앞면 가공용 A 공작 기계 : 20분
2. 뒷면 가공용 B 공작 기계 : 15분
3. 조립 : 5분
[공작 순서]
시계는 각 1대씩 만들며, 갑은 앞면부터 가공하여 뒷면 가공 후 조립하고, 을은 뒷면부터 가공하여 앞면 가공 후 조립하기로 하였다.
[조건]
• A, B 공작 기계는 각 1대씩이며 모두 사용해야 하고, 두 사람이 동시에 작업을 시작한다.
• 조립은 가공이 이루어진 후 즉시 실시한다.

	최종 완성 시간	유휴 시간
①	40분	5분
②	45분	5분
③	45분	10분
④	50분	5분
⑤	50분	10분

28. 다음은 (주)서원기업의 재고 관리 사례이다. 금요일까지 부품 재고 수량이 남지 않게 완성품을 만들 수 있도록 월요일에 주문할 A~C 부품 개수로 옳은 것은? (단, 주어진 조건 이외에는 고려하지 않는다.)

[부품 재고 수량과 완성품 1개당 소요량]

부품명	부품 재고 수량	완성품 1개당 소요량
A	500	10
B	120	3
C	250	5

[완성품 납품 수량]

항목 \ 요일	월	화	수	목	금
완성품 납품 개수	없음	30	20	30	20

[조건]
1. 부품 주문은 월요일에 한 번 신청하며 화요일 작업 시작 전 입고된다.
2. 완성품은 부품 A, B, C를 모두 조립해야 한다.

	A	B	C
①	100	100	100
②	100	180	200
③	500	100	100
④	500	180	250
⑤	500	180	300

29. 다음 재고 현황을 통해 파악할 수 있는 완성품의 최대 수량과 완성품 1개당 소요 비용은 얼마인가? (단, 완성품은 A, B, C, D의 부품이 모두 조립되어야 하고 다른 조건은 고려하지 않는다.)

부품명	완성품 1개당 소요량(개)	단가(원)	재고 수량(개)
A	2	50	100
B	3	100	300
C	20	10	2,000
D	1	400	150

	완성품의 최대 수량(개)	완성품 1개당 소요 비용(원)
①	50	100
②	50	500
③	50	1,000
④	100	500
⑤	100	1,000

30. 어느 날 A부서 팀장이 다음 자료를 주며 "이번에 회사에서 전략 사업으로 자동차 부품 시범 판매점을 직접 운영해 보기로 했다."며 자동차가 많이 운행되고 있는 도시에 판매점을 둬야하므로 후보 도시를 추천하라고 하였다. 다음 중 후보도시로 가장 적절한 곳은?

도시	인구수	도로연장	자동차 대수(1,000명당)
A	100만 명	200km	200대
B	70만 명	150km	150대
C	50만 명	300km	450대
D	40만 명	100km	300대
E	50만 명	200km	500대

① A   ② B
③ C   ④ D
⑤ E

31. 다음의 진술을 참고할 때, 1~5층 중 각기 다른 층에 살고 있는 사람들의 거주 위치에 관한 설명이 항상 참인 것은?

> • 을은 갑과 연이은 층에 거주하지 않는다.
> • 병은 무와 연이은 층에 거주하지 않는다.
> • 정은 무와 연이은 층에 거주하지 않는다.
> • 정은 1층에 위치하며 병은 2층에 위치하지 않는다.

① 무가 3층에 거주한다면 병은 5층에 거주한다.
② 병은 3층에 거주하지 않는다.
③ 병은 4층에 거주한다.
④ 을은 5층에 거주한다.
⑤ 갑은 5층에 거주한다.

┃32~33┃ 다음 글을 읽고 물음에 답하시오.

> ○○통신회사 직원 K씨가 고객으로부터 걸려온 전화를 응대하고 있다. 고객은 K씨에게 가장 저렴한 통신비를 문의하고 있다.

> K씨 : 안녕하십니까? ○○텔레콤 K○○입니다. 무엇을 도와드릴까요?
> 고객 : 네. 저는 저에게 맞는 통신비를 추천받고자 합니다.
> K씨 : 고객님이 많이 사용하시는 부분이 무엇입니까?
> 고객 : 저는 통화는 별로 하지 않고 인터넷을 한 달에 평균 3기가 정도 사용합니다.
> K씨 : 아, 고객님은 인터넷을 많이 사용하시는군요. 그럼 인터넷 외에 다른 서비스는 필요하신 부분이 없으십니까?
> 고객 : 저는 매달 컬러링을 바꾸고 싶습니다.
> K씨 : 아 그럼 매달 3기가 이상의 인터넷과 무료 컬러링이 필요하신 것입니까?
> 고객 : 네. 그럼 될 것 같습니다.

요금제명	무료인터넷 용량	무료통화 용량	무료 부가서비스	가격
35요금제	1기가	40분	없음	30,000원
45요금제	2기가	60분	없음	40,000원
55요금제	3기가	120분	컬러링 월 1회	50,000원
65요금제	4기가	180분	컬러링 월 2회	60,000원
75요금제	5기가	360분	없음	70,000원

32. K씨가 고객에게 가장 적합하다고 생각하는 요금제는 무엇인가?

① 35요금제   ② 45요금제
③ 55요금제   ④ 65요금제
⑤ 75요금제

33. 만약 동일한 조건에서 고객이 통화를 1달에 1시간 30분 정도 사용한다고 한다면 이 고객에게 가장 적합한 요금제는 무엇인가?

① 35요금제   ② 45요금제

③ 55요금제   ④ 65요금제

⑤ 75요금제

34. 다음 설명을 참고할 때, 16진수 '13D'를 10진법으로 바르게 표기한 것은?

> 10진법이 0~9까지 10개의 숫자를 사용하여 모든 수를 나타내듯이 16진법은 0~15가지의 16개 숫자를 사용하며, 10부터는 다시 10진법과 마찬가지로 16진법으로 '10'이라는 수를 나타내게 된다. 그런데, 9 이후의 숫자가 존재하지 않기 때문에 알파벳을 사용하여 다음과 같이 부족한 수를 나타내게 된다.
>
> | 10진법 | 10 | 11 | 12 | 13 | 14 | 15 |
> |--------|----|----|----|----|----|----|
> | 16진법 | A | B | C | D | E | F |
>
> 16진법에서 알파벳 A는 10진법의 10을 나타내며, 16진법으로 쓰인 '2E'는 10진법의 46을 나타낸다. 2E에서 2는 16^1의 자리를 나타내며, E는 $16^0 (=1)$의 자리를 나타낸다. 따라서 $16^1 \times 2 + 16^0 \times 14 = 46$이 되는 것이다.

① 26   ② 77

③ 221   ④ 317

⑤ 329

35. 갑, 을, 병, 정, 무 다섯 명의 기사가 점심 식사 후 철로 보수작업을 하러 가야 한다. 다음 조건을 모두 만족할 경우 항상 거짓인 것은?

> • 을은 병보다 먼저 작업을 하러 나갔다.
> • 정과 동시에 작업을 하러 나간 사람은 없다.
> • 무보다 늦게 작업을 하러 나간 사람이 존재한다.
> • 갑과 을 두 사람이 동시에 가장 먼저 작업을 하러 나갔다.

① 병과 정 중, 병이 먼저 작업을 하러 나가게 되었다.

② 무는 정보다 먼저 작업을 하러 나가게 되었다.

③ 무가 병보다 먼저 작업을 하러 나가게 되는 경우는 없다.

④ 을이 정보다 늦게 작업을 하러 나가게 되는 경우는 없다.

⑤ 갑은 병이나 정보다 먼저 작업을 하러 나가게 되었다.

36. 다음 내용과 전투능력을 가진 생존자 현황을 근거로 판단할 경우 생존자들이 탈출할 수 있는 경우로 옳은 것은? (단, 다른 조건은 고려하지 않는다)

> • 좀비 바이러스에 의해 라쿤 시티에 거주하던 많은 사람들이 좀비가 되었다. 건물에 갇힌 생존자들은 동, 서, 남, 북 4개의 통로를 이용해 5명씩 탈출을 시도한다. 탈출은 통로를 통해서만 가능하며, 한 쪽 통로를 선택하면 되돌아올 수 없다.
> • 동쪽 통로에 11마리, 서쪽 통로에 7마리, 남쪽 통로에 11마리, 북쪽 통로에 9마리의 좀비들이 있다. 선택한 통로의 좀비를 모두 제거해야만 탈출할 수 있다.
> • 남쪽 통로의 경우, 통로 끝이 막혀 탈출을 할 수 없지만 팀에 폭파전문가가 있다면 다이너마이트를 사용하여 막힌 통로를 뚫고 탈출할 수 있다.
> • 전투란 생존자가 좀비를 제거하는 것을 의미하며 선택한 통로에서 일시에 이루어진다.
> • 전투능력은 정상인 건강상태에서 해당 생존자가 전투에서 제거하는 좀비의 수를 의미하며, 질병이나 부상상태인 사람은 그 능력이 50%로 줄어든다.
> • 전투력 강화에는 건강상태가 정상인 생존자들 중 1명에게만 사용할 수 있으며, 전투능력을 50% 향상시킨다. 사용 가능한 대상은 의사 혹은 의사의 팀 내 구성원이다.
> • 생존자의 직업은 다양하며, 아이와 노인은 전투능력과 보유 품목이 없고 건강상태는 정상이다.

전투능력을 가진 생존자 현황

직업	인원	전투능력	건강상태	보유품목
경찰	1명	6	질병	–
헌터	1명	4	정상	–
의사	1명	2	정상	전투력 강화제 1개
사무라이	1명	8	정상	–
폭파전문가	1명	4	부상	다이너마이트

탈출 통로   팀 구성 인원

① 동쪽 통로   폭파전문가 – 사무라이 – 노인 3명

② 서쪽 통로   헌터 – 경찰 – 아이 2명 – 노인

③ 남쪽 통로   헌터 – 폭파전문가 – 아이 – 노인 2명

④ 북쪽 통로   경찰 – 의사 – 아이 2명 – 노인

⑤ 남쪽 통로   사무라이 – 폭파전문가 – 아이 2명 – 노인

37. 다음은 국가별 물 사용량 계산구조를 나타낸 자료이다. 다음 중 바르지 않은 것은?

(단위: 억m^3/년)

국가명	일반 물 사용량	Internal water footprint	External water footprint	Water footprint
A	3	3	19	22
B	544	519	342	861
C	231	210	342	552
D	1,165	691	411	1,102
E	7,495	5,658	1,302	6,960
F	8,932	8,259	574	8,833
G	70,127	9,714	160	9,874

※ Water footprint=Internal water footprint+External water footprint

※ 물 자급률=Internal water footprint÷Water footprint×100

※ 물 수입률=External water footprint÷Water footprint×100

※ 국내 자급기준 물 증가량=Water footprint－일반 물 사용량

① 국내 자급기준 물 증가량이 마이너스인 국가는 네 개다.

② 국내 자급기준 물 증가량은 C가 가장 높다.

③ 물 자급률은 G가 E보다 높다.

④ G는 물 사용량이 가장 많아 물 수입률이 가장 높다.

⑤ 물 자급률은 B가 A보다 높다.

38. 도서출판 서원각에 근무하는 최 대리는 이번 달에 접수된 총 7건의 고객 불만 사항에 대해 보고서를 작성하려고 한다. A, B, C, D, E, F, G 고객의 불만이 접수된 순서가 다음의 정보를 모두 만족할 때, 불만 사항이 가장 마지막으로 접수된 고객은?

〈정보〉
- B고객의 불만은 가장 마지막에 접수되지 않았다.
- G고객의 불만은 C고객의 불만보다 먼저 접수되었다.
- A고객의 불만은 B고객의 불만보다 먼저 접수되었다.
- B고객의 불만은 E고객의 불만보다 나중에 접수되었다.
- D고객과 E고객의 불만은 연달아 접수되었다.
- C고객의 불만은 다섯 번째로 접수되었다.
- A고객과 B고객의 불만 접수 사이에 한 건의 불만이 접수되었다.

① A   ② C

③ D   ④ F

⑤ G

39. M회사 구내식당에서 근무하고 있는 N씨는 식단을 편성하는 업무를 맡고 있다. 식단편성을 위한 조건이 다음과 같을 때 월요일에 편성되는 식단은?

〈조건〉
- 다음 5개의 메뉴를 월요일~금요일 5일에 각각 하나씩 편성해야 한다.
- 돈가스 정식, 나물 비빔밥, 크림 파스타, 오므라이스, 제육덮밥
- 월요일에는 돈가스 정식을 편성할 수 없다.
- 목요일에는 오므라이스를 편성할 수 없다.
- 제육덮밥은 금요일에 편성해야 한다.
- 나물 비빔밥은 제육덮밥과 연달아 편성할 수 없다.
- 돈가스 정식은 오므라이스보다 먼저 편성해야 한다.

① 나물 비빔밥   ② 크림 파스타

③ 오므라이스   ④ 제육덮밥

⑤ 돈가스 정식

40. 다음 표는 외환위기 이전(1991~1997년)과 이후(2001~2006년)에 우리나라의 경제성장률과 요인별 성장 기여도를 비교한 것이다. 이에 대한 올바른 추론을 모두 고른 것은?

	1991~1997년	2001~20016년
GDP 증가율 (1)=(2)+(3)=(4)+(7)	6.90%	4.50%
1인당 GDP 증가율 (2)	5.90%	4.03%
인구증가율 (3)	1.00%	0.47%
노동자 1인당 GDP 증가율 (4)=(5)+(6)	4.69%	3.03%
기술 진보율 (5)	1.67%	1.72%
노동자 1인당 자본스톡 증가율 (6)	3.02%	1.31%
노동자 증가율 (7)	2.21%	1.47%

ⓐ 국내총생산 증가율 하락에 가장 큰 영향을 미친 것은 노동자 1인당 자본스톡 증가율 하락이다.

ⓑ 인구 증가율의 둔화로 국내총생산 증가율이 1인당 국내총생산 증가율보다 하락폭이 작았다.

ⓒ 외환위기 이후 투자율 하락이 성장률 둔화의 주요 원인이었을 것이다.

ⓓ 외환위기 이후 인구 대비 노동자 비중은 감소하였다.

① ㉠㉡   ② ㉠㉢

③ ㉡㉢   ④ ㉡㉣

⑤ ㉢㉣

41. 다음은 어느 레스토랑의 3C분석 결과이다. 이 결과를 토대로 하여 향후 해결해야 할 전략과제를 선택하고자 할 때 적절하지 않은 것은?

3C	상황 분석
고객 / 시장 (Customer)	• 식생활의 서구화 • 유명브랜드와 기술제휴 지향 • 신세대 및 뉴패밀리 층의 출현 • 포장기술의 발달
경쟁 회사 (Competitor)	• 자유로운 분위기와 저렴한 가격 • 전문 패밀리 레스토랑으로 차별화 • 많은 점포수 • 외국인 고용으로 인한 외국인 손님 배려
자사 (company)	• 높은 가격대 • 안정적 자금 공급 • 업계 최고의 시장점유율 • 고객증가에 따른 즉각적 응대의 한계 • 한식 위주의 메뉴 구성

① 원가 절감을 통한 가격 조정
② 유명브랜드와의 장기적인 기술제휴
③ 즉각적인 응대를 위한 인력 증대
④ 안정적인 자금 확보를 위한 자본구조 개선
⑤ 서구화된 식생활에 따른 메뉴 다양화

42. 다음은 어느 기업 조직 업무 내용의 일부를 나열한 자료이다. 다음에 나열된 업무 내용 중 관리 조직의 일반적인 업무 특성상 인재개발실(팀) 또는 인사부(팀)의 업무로 보기 어려운 것은?

┌─────────────────────────────────────┐
│ ㉠ 교육원(인재개발원, 발전교육원) 지원 업무 │
│ ㉡ 해외 지사 교환근무 관련 업무 │
│ ㉢ 임직원 출장비, 여비관련 업무 │
│ ㉣ 상벌, 대·내외 포상관리 업무 │
│ ㉤ 조경 및 조경시설물 유지보수 │
└─────────────────────────────────────┘

① ㉠㉡
② ㉡㉣
③ ㉢㉤
④ ㉠㉢㉣
⑤ ㉡㉣㉤

43. 다음 위임전결규정을 참고할 때, 바이어에게 저녁식사 접대를 하기 위해 법인카드를 사용하고자 하는 이 대리가 작성해야 할 결재 서류의 양식으로 적절한 것은 어느 것인가?

┌─────────────────────────────────────┐
│ <위임전결규정> │
│ • 결재를 받기 위해 업무에 대해 최고결정권자(조합장)를 포함한 이하 직책자의 결재를 받아야한다. │
│ • 전결이라 함은 조합의 경영활동이나 관리활동을 수행함에 있어 의사결정이나 판단을 요하는 일에 대해 최고결정권자의 결재를 생략하고, 자신의 책임 하에 최종적으로 의사결정·판단을 하는 행위를 말한다. │
│ • 전결사항에 대해서도 취임 받은 자를 포함한 이하 직책자의 결재를 받아야 한다. │
│ • 표시내용 : 결재를 올리는 자는 최고결재권자로부터 전결사항을 위임 받은 자가 있는 경우 전결이라고 표시하고 최종 결재권자에 위임 받은 자를 표시한다. 다만, 결재가 불필요한 직책자의 결재란은 상향대각선으로 표시한다. │
│ • 최고 결재권자의 결재사항, 최고결재권자로부터 위임된 전결사항은 다음 표에 따른다. │
└─────────────────────────────────────┘

업무내용		결재권자			
		팀장	본부장	부사장	사장
주간업무보고		O			
팀장급 인수인계				O	
일반예산 집행	잔업수당				O
	회식비		O		
	업무활동비		O		
	교육비			O	
	시내교통비		O		
	출장비				O
	해외연수비				O
	도서인쇄비	O			
	소모품비	O			
	접대비(식대)		O		
	접대비(기타)	O			
	법인카드 사용			O	
이사회 위원 위촉					
임직원 해외 출장			O(직원)		O(임원)
임직원 휴가			O(직원)		O(임원)
노조관련 협의사항				O	

※ 위의 업무내용에 필요한 결재서류는 다음과 같다.
　품의서, 주간업무보고서, 인수인계서, 예산집행내역서(예산사용계획서), 위촉장, 출장보고서(계획서), 휴가신청서, 노조협의사항보고서

①

예 산 사 용 계 획 서					
결재	담당	팀장	본부장	부사장	사장
				전결	부사장

②

품 의 서					
결재	담당	팀장	본부장	부사장	사장
					╱

③

예 산 사 용 계 획 서					
결재	담당	팀장	본부장	부사장	사장
		╱	╱	╱	

④

출 장 보 고 서					
결재	담당	팀장	본부장	부사장	사장
				전결	부사장

⑤

예 산 사 용 계 획 서					
결재	담당	팀장	본부장	부사장	사장
			╱	╱	

44. 사내 체육대회에서 8개의 종목을 구성해 각 종목에서 우승 시 얻는 승점을 합하여 각 팀의 최종 순위를 매기고자 한다. 각 종목은 순서대로 진행하고, 3번째 종목부터는 각 종목 우승 시 받는 승점이 그 이전 종목들의 승점을 모두 합한 점수보다 10점 더 많도록 구성하였다. 다음 중 옳은 것을 모두 고르면? (단, 승점은 각 종목의 우승 시에만 얻을 수 있으며, 모든 종목의 승점은 자연수이다.)

> ㉠ 1번째 종목과 2번째 종목의 승점이 각각 10점, 20점이라면 8번째 종목의 승점은 1,000점을 넘게 된다.
> ㉡ 1번째 종목과 2번째 종목의 승점이 각각 100점, 200점이라면 8번째 종목의 승점은 10,000점을 넘게 된다.
> ㉢ 1번째 종목과 2번째 종목의 승점에 상관없이 8번째 종목의 승점은 6번째 종목 승점의 네 배이다.
> ㉣ 만약 3번째 종목부터 각 종목 우승 시 받는 승점이 그 이전 종목들의 승점을 모두 합한 점수보다 10점 더 적도록 구성한다면, 1번째 종목과 2번째 종목의 승점에 상관없이 8번째 종목의 승점은 6번째 종목 승점의 네 배보다 적다.

① ㉠, ㉢   ② ㉠, ㉣
③ ㉡, ㉢   ④ ㉠, ㉡, ㉣
⑤ ㉡, ㉢, ㉣

45. 다음 글과 표를 근거로 판단할 때 세 사람 사이의 관계가 모호한 경우는?

> • 조직 내에서 두 사람 사이의 관계는 '동갑'과 '위아래' 두 가지 경우로 나뉜다.
> – 두 사람이 태어난 연도가 같은 경우 입사년도에 상관없이 '동갑' 관계가 된다.
> – 두 사람이 태어난 연도가 다른 경우 '위아래' 관계가 된다. 이때 생년이 더 빠른 사람이 '윗사람', 더 늦은 사람이 '아랫사람'이 된다.
> – 두 사람이 태어난 연도가 다르더라도 입사년도가 같고 생년월일의 차이가 1년 미만이라면 '동갑' 관계가 된다.
> • 두 사람 사이의 관계를 바탕으로 임의의 세 사람(A~C) 사이의 관계는 '명확'과 '모호' 두 가지 경우로 나뉜다.
> – A와 B, A와 C가 '동갑' 관계이고 B와 C 또한 '동갑' 관계인 경우 세 사람 사이의 관계는 '명확'하다.
> – A와 B가 '동갑' 관계이고 A가 C의 '윗사람', B가 C의 '윗사람'인 경우 세 사람 사이의 관계는 '명확'하다.
> – A와 B, A와 C가 '동갑' 관계이고 B와 C가 '위아래' 관계인 경우 세 사람 사이의 관계는 '모호'하다.

이름	생년월일	입사년도
甲	1992. 4. 11.	2017
乙	1991. 10. 3.	2017
丙	1991. 3. 1.	2017
丁	1992. 2. 14.	2017
戊	1993. 1 7.	2018

① 甲, 乙, 丙
② 甲, 乙, 丁
③ 甲, 丁, 戊
④ 乙, 丁, 戊
⑤ 丙, 丁, 戊

46. 다음은 J사의 2018년 조직도이다. 조직도를 보고 잘못 이해한 것은?

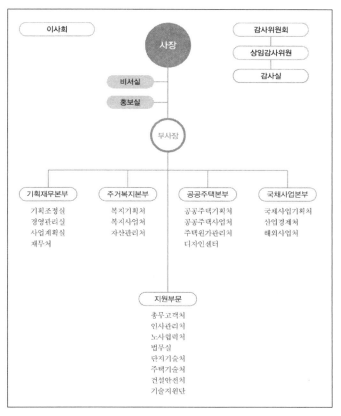

① 부사장은 따로 비서실을 두고 있지 않다.
② 비서실과 홍보실은 사장 직속으로 소속되어 있다.
③ 감사실은 공정한 감사를 위해 다른 조직들과는 구분되어 감사위원회 산하로 소속되어 있다.
④ 부사장 직속으로는 1개 부문, 1실, 6개 처, 1개의 지원단으로 구성되어 있다.
⑤ 주거복지본부와 국채사업본부는 모두 3개 처로 구성되어 있다.

47. 숙박업소 K사장은 미숙한 경영전략으로 주변 경쟁업소에 점점 뒤처지게 되어 매출은 곤두박질 쳤고 이에 따라 직원들은 더 이상 근무할 수 없게 되었다. 경영전략 차원에서 볼 때, K사장이 시도했어야 하는 차별화 전략으로 추진하기에 적절하지 않은 것은?

① 주차장 이용 시 무료주차와 같은 추가 서비스를 제공한다.
② 직원의 복지를 위해 휴게 시설을 마련한다.
③ 경쟁업소보다 가격을 낮춰 고객을 유치한다.
④ 새로운 객실 인테리어를 통해 신선감을 갖춘다.
⑤ 포인트 적립 카드 사용과 1회용품의 고급화를 시도한다.

48. 다음은 작년의 사내 복지 제도와 그에 따른 4/4분기 복지 지원 내역이다. 인사팀의 사원 Z씨는 팀장님의 지시로 작년 4/4분기 지원 내역을 구분하여 정리했다. 다음 중 구분이 잘못된 직원은?

〈사내 복지 제도〉

구분	세부사항
주택 지원	사택지원 (1~6동 총 6개 동 120가구) 기본 2년 (신청 시 1회 2년 연장 가능)
경조사 지원	본인/가족 결혼, 회갑 등 각종 경조사 시 경조금, 화환 및 경조휴가 제공
학자금 지원	고등학생, 대학생 학자금 지원
기타	상병 휴가, 휴직, 4대 보험 지원

〈4/4분기 지원 내역〉

이름	부서	직위	세부사항	금액(천 원)
정희진	영업1팀	사원	모친상	1,000
유연화	총무팀	차장	자녀 대학진학 (입학금 제외)	4,000
김길동	인사팀	대리	본인 결혼	500
최선하	IT개발팀	과장	병가(실비 제외)	100
김만길	기획팀	사원	사택 제공(1동 702호)	–
송상현	생산2팀	사원	장모상	500
길태화	기획팀	과장	생일	50(상품권)
최현식	총무팀	차장	사택 제공(4동 204호)	–
최판석	총무팀	부장	자녀 결혼	300
김동훈	영업2팀	대리	생일	50(상품권)
백예령	IT개발팀	사원	본인 결혼	500

구분	이름
주택 지원	김만길, 최현식
경조사 지원	정희진, 김길동, 길태화, 최판석, 김동훈, 백예령
학자금 지원	유연화
기타	최선하, 송상현

① 정희진   ② 김동훈
③ 유연화   ④ 송상현
⑤ 최선하

49. T 대기업 경영전략팀은 기업의 새로운 도약을 위해 2020년 1차 경영토론회를 주최하였다. 다음 중 토론자들의 경영시장 종류에 대한 발언으로 옳지 않은 것은?

① 블루오션은 경쟁을 목표로 하고 존재하는 소비자와 현존하는 시장에 초점을 맞췄습니다.

② 레드오션은 산업 간 경계선이 명확하게 그어져 있습니다.

③ 레드오션은 어떻게 경쟁자를 앞지를 것인가에 대한 '시장 경쟁전략'을 말합니다.

④ 블루오션은 아직 우리가 모르고 있는 가능성의 시장 공간이라 할 수 있습니다.

⑤ 블루오션은 기존 산업의 경계선 바깥에서 새롭게 창출되는 시장을 말합니다.

50. 다음 보기에서 국제 매너를 바르게 설명하지 않은 것은?

① 이탈리아에서 상대방과 대화할 때는 중간에 말을 끊지 않는다.

② 프랑스에서 사업차 거래처 사람들과 식사를 할 때 사업에 관한 이야기는 정식 코스가 끝날 때 한다.

③ 생선 요리는 뒤집어먹지 않는다.

④ 멕시코에서 상대방에게 초대를 받았다면 나 또한 상대방을 초대하는 것이 매너이다.

⑤ 이란에서 꽃을 선물로 줄 때 노란색으로 준비한다.

한국환경공단

직업기초능력평가 모의고사

정답 및 해설

SEOWONGAK

(주)서원각

제1회 정답 및 해설

1 ①

공문서는 시행일자 뒤에 수신처에서 문서를 보존할 기간을 기입해야 하지만 행정기관이 아닌 경우에는 기재를 하지 않아도 된다. 참고로 보존기간의 표시로는 영구, 준영구, 10년, 5년, 3년, 1년 등을 사용한다.

2 ②

사회보험의 종류에는 공적연금, 건강보험, 산재보험, 고용(실업)보험, 노인장기요양보험 등이 있으며 공적연금은 다시 노령연금, 유족연금, 장애연금으로 구분된다.

3 ⑤

보기의 '바르다'는 '거짓이나 속임이 없이 정직하다'의 의미로 사용된다.
① 표면에 고루 묻히다.
② 겉으로 보기에 비뚤어지거나 굽은 데가 없다.
③ 풀칠한 종이나 헝겊 따위를 다른 물건의 표면에 고루 붙이다.
④ 뼈다귀에 붙은 살을 걷거나 가시 따위를 추려 내다.

4 ④

법정대시인 → 법정대리인
재란법인 → 재단법인
정부투기기관 → 정부투자기관
체유하는 → 체류하는

5 ④

토론의 주제는 찬성과 반대로 뚜렷하게 나뉘어질 수 있는 것이 좋다. 위 토론의 주제는 찬성(전교생을 대상으로 무료급식을 시행해야 한다.)과 반대(전교생을 대상으로 무료급식을 시행해서는 안 된다.)로 분명하게 나뉘어지므로 옳은 주제라 할 수 있다.

6 ③

㈎에서 나무꾼은 도끼날이 무뎌졌다는 근본적인 원인을 찾지 못 해 지칠 때까지 힘들게 나무를 베다가 결국 바닥에 드러눕고 말았다. 따라서 이를 끈기 있게 노력하지 않고 좋은 결과를 바라는 업무 태도 개선에 적용하는 것은 적용 대상의 모색이 잘못된 것이다.

7 ①

입찰 매매는 서면으로 최고 및 최저 가격을 제시한 자와 계약을 체결하며 주로 관공서나 공기업 등의 물품 구입이나 공사 발주 시 이용된다.

8 ②

기업의 자금 조달 중 보통주 발행은 자기 자본으로 형성되며 주식에 투자한 주주는 경영 참가권을 갖게 된다. 채권 발행은 타인 자본이며, 기업은 이자 부담과 원금 상환 의무를 가지게 된다.

9 ④

구석기시대 주먹도기에 대한 설명이므로 빗살무늬토기시대와 간돌도끼에 대한 설명을 하는 본문과 관련 없는 내용이다.

10 ④

간돌도끼는 돌을 갈아 사용한 것으로 흔히 마제석부라고 부른다. 타제석부는 돌을 깨트려 사용한 것으로 뗀돌도기가 이에 해당한다.

11 ①

주어진 글은 하회 마을 여행을 권유하는 안내문으로, 하회 마을과 그 주변 지역의 대표적인 관광지에 대한 정보를 제시한 후에, 하회 마을의 여행 일정을 추천하고 하회 마을 여행의 의의를 밝히고 있다.

12 ③

좋은 글은 한 번에 완성되지 않는다. 따라서 효과적으로 자신의 의도를 표현하기 위해서는 글을 쓰면서 조정과 점검의 과정을 거치는 것이 좋다. 글쓴이는 5월이 가족 여행하기에 좋은 계절이라고 말하고 하회 마을이 가족 여행지로 적합하다는 점을 강조하고 있다. 〈보기〉의 내용은 그렇게 표현하는 과정에서 좀 더 독자들의 관심을 끌고 이해를 돕기 위해 내용을 적절하게 조정하고 점검하는 내용에 해당한다.

13 ④

위 문서는 기안서로 회사의 업무에 대한 협조를 구하거나 의견을 전달할 때 작성하며, 흔히 사내 공문서라고도 한다.

14 ②

보도자료 작성 요령에 따라 ②는 3-5 방식으로 바르게 작성한 것이다.

15 ②

종업원 현황에서 110명은 중소기업에 해당되며, 4대 보험은 기업이 제공하고 있는 법정 복리 후생이다.

16 ②

문자를 잘 살펴보아야 한다. 잘 살펴보면 총 10개의 문자가 나열되어 있다.

1 ~ 10까지의 숫자를 영문으로 표현한 것이다.

ONE – TWO – THREE – FOUR – FIVE – SIX – SEVEN – EIGHT – NINE – TEN

그러므로 정답은 EIGHT의 E이다.

17 ②

$$2^2 + 3^3 + 4^3 + 5^2 = 4 + 27 + 64 + 25 = 120$$

18 ②

철수가 걸은 시간을 x분이라고 하면, 철수가 걸은 거리는 $250 \times x$가 되며 영희가 걸은 거리는 $400 \times (x-10)$이다. 두 사람이 걸은 거리는 동일하므로 $250x = 400(x-10)$이 되고, 이 방정식의 해를 구하면 $x = 26.666\cdots$이다. 따라서 둘은 영희가 출발한지 $26.666 - 10 = 16.666 \rightarrow 17$분 만에 만난다.

19 ④

$1,000M = 1G$이므로 $5.3G = 5,300M$이며, $2G = 2,000M$이다.

따라서 민희가 납부해야하는 요금은

$1,500 + 11(5,300 - 2,000) \div 100 = 1,500 + 11 \times 33 = 1,863$원이다.

20 ③

4명의 참석자를 각각 A, B, C, D라 하고 좌석을 a, b, c, d라 하면

4명 중 A만 자신의 자리 a에 앉고 나머지 좌석에 3명이 앉을 경우의 수는

$3 \times 2 \times 1 = 6$가지

그러나 3명은 모두 자신의 자리가 아닌 곳에 앉아야 하므로 (A, C, D, B), (A, D, B, C)의 2가지만 조건에 해당된다.

a	A					
b	B		C		D	
c	C	D	B	D	B	C
d	D	C	D	B	C	B

그러므로 경우의 수는 $4 \times 2 = 8$가지가 된다.

21 ③

㉮ 경상수지, ㉯ 본원소득수지

경상수지는 상품수지, 서비스수지, 본원소득수지, 이전소득수지로 구성되며, 자본금융 계정은 자본수지와 금융계정으로 구성된다.

㉠ 경상수지 적자가 지속되면 통화량이 줄어들어 디플레이션이 발생할 수 있다.

㉡ 국내 기업이 보유하고 있는 외국인의 배당금을 해외로 송금하면 본원소득수지에 영향을 미친다.

㉢ 국내 기업이 외국에 주식을 투자할 경우 영향을 미치는 수지인 금융계정은 흑자가 지속되고 있다.

㉣ 외국 기업이 보유한 특허권 이용료 지불이 영향을 미치는 수지인 자본금융은 2014년 적자를 기록하고 있다.

22 ③

고등학교	국문학과	경제학과	법학과	기타	진학 희망자수
A	(420명) 84명	(70명) 7명	(140명) 42명	(70명) 28명	700명
B	(250명) 25명	(100명) 30명	(200명) 60명	(100명) 30명	500명
C	(60명) 21명	(150명) 60명	(120명) 18명	(180명) 18명	300명
D	(20명) 6명	(100명) 25명	(320명) 64명	(120명) 24명	400명

23 ③

2018 – 남(6.3%), 여(10.5%) / 2019 – 남(5%), 여(11%)로 4가지 항목 중 투표 비율이 가장 낮다.

24 ①

① 수상운송업은 매출액의 증감률이 −17.8%, 영업비용의 증감률이 −13.1%로 유일하게 감소한 운수업종이다.

25 ⑤

민경이와 주하만 여자이고 김 씨와 강 씨는 여자이다. 또 석진이는 박 씨 또는 이 씨인데, 두 번째 문장에 의해 석진이 성은 박 씨이다. 다라서 찬수의 성은 이 씨이고, 찬수는 꼴찌가 아니다. 석진이는 찬수보다 빠르고 민경이보다 늦었다고 했으므로 1등이 민경이, 2등이 석진이, 3등이 찬수이다. 다라서 1등을 한 민경이의 성이 김 씨이고 주하는 강 씨이다.

26 ①

$$\frac{\text{이수인원}}{\text{계획인원}} \times 100 = \frac{2,159.0}{5,897.0} \times 100 ≒ 36.7(\%)$$

27 ③

	음식 종류	이동 거리	1인분 가격	평점	예약 여부	합계
A	2	4	5	1	1	13
B	4	3	4	2	1	14
C	5	5	2	3	0	15
D	2	1	3	4	0	10
E	5	2	1	5	0	13

28 ④

① 커피전체에 대한 수입금액은 2008년 331.3, 2009년 310.8, 2010년 416, 2011년 717.4, 2012년 597.6으로 2009년과 2012년에는 전년보다 감소했다.

② 생두의 2011년 수입단가는(528.1 / 116.4 = 4.54) 2010년 수입단가(316.1 / 107.2 = 2.95)의 약 1.5배 정도이다.

③ 원두의 수입단가는 2008년 11.97, 2009년 12.06, 2010년 12.33, 2011년 16.76, 2012년 20.33로 매해마다 증가하고 있다.

⑤ 2012년 생두의 수입중량은 100.2톤으로 커피제조품의 20배 이하이다.

29 ③

① 2010년 원두의 수입단가 = 55.5 / 4.5 = 12.33
② 2011년 생두의 수입단가 = 528.1 / 116.4 = 4.54
③ 2012년 원두의 수입단가 = 109.8 / 5.4 = 20.33
④ 2011년 커피조제품의 수입단가 = 98.8 / 8.5 = 11.62
⑤ 2012년 생두의 수입단가 = 365.4/100.2 = 3.65

30 ②

청중이 취업준비생이라는 특성을 고려하여 면접 전형 대비 방법에 대한 강의 내용을 선정하였고, 질문의 형식을 활용하고 있다. 하지만 청중의 배경지식을 고려하여 내용의 수준을 조절한다고 보기 어렵다.

31 ④

고객은 많은 문제를 풀어보기를 원하므로 우선적으로 예상문제의 수가 많은 것을 찾아야 한다.

32 ③

고객의 요구인 20,000원 가격선과 예상문제의 수가 많은 도서는 문제완성이 된다.

33 ③

제시된 명제를 기호로 나타내면 다음과 같다.
• 오 대리 출장→정 사원 야근
• ~남 대리 교육→~진급 시험 자격
• 정 사원 야근→~남 대리 교육
이 명제를 연결하면 '오 대리 출장→정 사원 야근→~남 대리 교육→~진급 시험 자격'이 성립한다.(대우 : 진급 시험 자격→남 대리 교육→~정 사원 야근→~오 대리 출장)
①~⑤의 보기를 기호로 나타내면 다음과 같으므로 항상 참인 것은 ③이다.
① ~남 대리 교육→오 대리 출장(연결 명제 중 오 대리 출장→~남 대리 교육의 역임으로 항상 참인지는 알 수 없다.)
② 정 사원 야근→오 대리 출장(첫 번째 명제의 역이므로 항상 참인지는 알 수 없다.)
③ 진급 시험 자격→~오 대리 출장(연결 명제의 대우 명제이므로 항상 참이다.)

④ ~진급 시험 자격→~오 대리 출장(주어진 명제만으로는 알 수 없다.)
⑤ ~정 사원 야근→남 대리 교육(대우 명제 중 남 대리 교육→~정 사원 야근의 역이므로 항상 참인지는 알 수 없다.)

34 ⑤

제시된 명제를 기호로 나타내면 다음과 같다.
• 자동차→자전거(대우 : ~자전거 → ~자동차)
• ~자동차 → ~가전제품(대우 : 가전제품→자동차)
이 명제를 연결하면 '~자전거 → ~자동차 → ~가전제품'이 성립한다.(대우 : 가전제품→자동차→자전거)
①~⑤의 보기를 기호로 나타내면 다음과 같으므로 항상 참인 것은 ⑤이다.
① ~자동차→~자전거(주어진 명제만으로는 알 수 없다.)
② 자전거→가전제품(주어진 명제만으로는 알 수 없다.)
③ ~가전제품→~자동차(주어진 명제만으로는 알 수 없다.)
④ 자전거→~자동차(주어진 명제만으로는 알 수 없다.)
⑤ 가전제품→자전거(연결 명제의 대우이므로 항상 참이다.)

35 ⑤

	1주	2주	3주	4주	5주	6주
전무	X		휴가			X
상무	휴가					
부장						
차장					휴가	
과장		휴가				
대리		휴가				

36 ④

김 실장은 중국의 소비가 급등한 원인을 소규모 가구의 급속한 증가로 인한 것으로 보았으나 인도는 10가구 중 9가구가 자녀가 있으며, 부양가족의 수가 많으면 소비가 낮다는 것을 고려한 것이다.

37 ④

① 일요일은 수거하지 않으므로 토요일 새벽 5시까지는 배출해야한다.

② 수분을 제거하여 배출해야한다.

③ 낮 3시가 아닌 저녁 7시부터 배출해야한다.

⑤ 캔과 스티로폼은 다른 종류이므로 따로 담아 배출해야한다.

38 ①

만약 A가 범인이라고 가정한다면

	A	B	C
첫 번째 진술	×	×	○
두 번째 진술			×
세 번째 진술			×

C의 두 번째와 세 번째 진술은 거짓이므로 A와 C는 만난 적이 있다.

그러면 A의 세 번째 진술은 참이 되고 A의 두 번째 진술과 B의 세 번째 진술은 거짓이 된다.

이 경우 B의 첫 번째 진술과 세 번째 진술이 거짓이므로 두 번째 진술은 참이 되어야 하는데 C이 두 번째 진술과 상충되므로 가정을 한 A는 범인이 아니다.

C가 범인이라고 가정을 하면 A-ⓒ, B-ⓒ, C-ⓒ이 진실일 때 모순이 없다.

39 ④

장소별로 계산해 보면 다음과 같다.

• 분수광장 후면 1곳(게시판) : 120,000원

• 주차 구역과 경비초소 주변 각 1곳(게시판) : 120,000원 × 2 = 240,000원

• 행사동 건물 입구 1곳(단독 입식) : 45,000원

• 분수광장 금연 표지판 옆 1개(벤치 2개 + 쓰레기통 1개) : 155,000원

• 주차 구역과 경비초소 주변 각 1곳(단독) : 25,000 × 2 = 50,000원

따라서 총 610,000원의 경비가 소요된다.

40 ②

〈보기〉의 내용을 문제에 더해서 생각하면 'C는 변호사이다.'를 참으로 가정하면

	교사	변호사	의사	경찰	
A	×	×	×	○	경찰
B	○	×	×	×	교사
C	×	○	×	×	변호사
D	×	×	○	×	의사

이렇게 되나, '① A는 교사와 만났지만, D와는 만나지 않았다.'와 '④ D는 경찰과 만났다.'는 모순이 된다. 그러므로 ㉠ C는 변호사이다 → 거짓

ⓛ 명제를 참이라고 가정하면 의사와 경찰은 만났으므로 B, C는 둘 다 의사와 경찰이 아니다. D는 경찰이 아니므로 A가 경찰, D가 의사가 된다. 그러나 ①에서 A와 D는 만나지 않았다고 했으므로 ④에서 만났다고 해도 모순이 된다.

그러므로 ㉠과 ⓛ은 모두 거짓이다.

41 ①

직무순환은 종업원들의 여러 업무에 대한 능력개발 및 단일직무로 인한 나태함을 줄이기 위함에 의미가 있다. 또한 다양한 업무를 경험함으로써 종업원에게도 어떠한 성장할 수 있는 기회를 제공한다.

42 ②

• 화, 수, 목 중에 실시해야 하는 금연교육을 4회 실시하기 위해서는 반드시 화요일에 해야 한다.

• 금주교육이 월요일과 금요일을 제외한 다른 요일에 시행하므로 10일 이전, 같은 주에 이틀 연속으로 성교육을 실시할 수 있는 날짜는 4~5일뿐이다.

• 상황과 조건에 따라 A대학교 보건소의 교육 일정을 정리해 보면 다음과 같다.

월	화	수	목	금	토	일
1	금연 2	3	성 4	성 5	X 6	X 7
8	금연 9	10	11	12	X 13	X 14
15	금연 16	17	18	19	X 20	X 21
중 22	간 23	고 24	사 25	주 26	X 27	X 28
29	금연 30					

• 금주교육은 (3, 10, 17), (3, 10, 18), (3, 11, 17), (3, 11, 18) 중 실시할 수 있다.

43 ①

수정을 먼저 살펴보면 수정은 종로, 명동에 거주하지 않으므로 강남에 거주한다.

미연은 명동에 거주하지 않고 수정이 강남에 거주하므로 종로에 거주한다.

수진은 당연하게 명동에 거주하며, 직장은 종로이다.

또한 수정의 직장이 위치한 곳이 수진이 거주하는 곳이므로 수정의 직장은 명동이다.

그러면 당연하게 미연의 직장이 위치한 곳은 강남이 된다.

44 ③

ⓒ 팀장님이 월요일에 월차를 쓴다고 하였다. → 월요일은 안 된다.

ⓔ 실장님이 김 대리에게 우선권을 주어 월차를 쓸 수 있는 요일이 수, 목, 금이 되었다. → 월차를 쓸 수 있는 날이 수, 목, 금이라는 말은 화요일이 공휴일임을 알 수 있다.

ⓜ 김 대리는 5일에 붙여서 월차를 쓰기로 하였다.

그럼 여기서 공휴일에 붙여서 월차를 쓰기로 했으므로 화요일이 공휴일이므로 수요일에 월차를 쓰게 된다.

45 ③

의사결정의 단점 : 경영자층 위주로 의사결정이 이루어질 수 있다. 내 의견이 반영될 수 있는 기회가 적다. 의견이 불일치하는 경우 의사결정을 내리는 시간이 오래 소요된다.

46 ②

② "유럽에서의 한방 원료 등을 이용한 'Korean Therapy' 관심 증가"라는 기회를 이용하여 "아시아 외 시장에서의 존재감 미약"이라는 약점을 보완하는 WO전략에 해당한다.

47 ⑤

브레인스토밍이란 여러 사람이 한 가지의 문제를 놓고 아이디어를 비판 없이 제시하여 그중 최선책을 찾는 방법으로 아이디어가 많을수록 좋다.

48 ②

가족 소유의 상점은 조직규모를 기준으로 소규모 조직에 해당된다.

49 ④

인력수급계획 및 관리, 교육체계 수립 및 관리는 인사부에서 담당하는 업무의 일부이다.

50 ②

㉠ 사장직속으로는 3개 본부, 2개 실로 구성되어 있다.

㉡ 해외부사장은 2개의 본부를 이끌고 있다.

㉣ 노무처는 관리본부에, 재무처는 기획본부에 소속되어 있다.

제2회 정답 및 해설

1 ④
임시회이 → 임시회의
재직위원 → 재적위원
자분 → 자문
방청건 → 방청권
대통령영 → 대통령령

2 ⑤
전반적으로 수온의 상승이 전망되지만 겨울철 이상기후로 인한 저수온 현상으로 대표적 한 대성 어종인 대구가 남하하게 되어, 동해, 경남 진해에서 잡히던 대구가 인천이 아닌 전남 고흥, 여수 등지에서 잡힐 것으로 전망하고 있다.

3 ②
위 문서는 기안서로 회사의 업무에 대한 협조를 구하거나 의견을 전달할 때 작성하며, 흔히 사내 공문서라고도 한다.

4 ③
주주는 증권 시장을 통해 자신들의 주식을 거래할 수 있으며, 감사는 이사회의 업무 및 회계를 감시한다.

5 ①
제시된 포스터는 바다에 쓰레기를 투기하거나 신호보다 먼저 출발하는 행동을 사회의 부정부패에 비유하며 썩은 이를 뽑듯 뽑아내자고 이야기하고 있다. 따라서 이 포스터의 주제를 가장 잘 표현한 사원은 甲이라고 할 수 있다.

6 ③
수정을 한 문장은 '~막기 위해'와 '~막기 위한'이 중복되는 구절이 되어 자연스러운 의미의 흐름을 방해

하고 있다. 따라서 고치지 않은 원래의 문장이 적절하다고 할 수 있다.

7 ④
④ 국제노동기구에서는 사회보장의 구성요소로 전체 국민을 대상으로 해야 하고, 최저생활이 보장되어야 하며 모든 위험과 사고가 보호되어야 할뿐만 아니라 공공의 기관을 통해서 보호나 보장이 이루어져야 한다고 하였다.

8 ③
③ **파급**(波及) : 어떤 일의 여파나 영향이 차차 다른 데로 미침.
① **통용**(通用) : 일반적으로 두루 씀. 또는 서로 넘나들어 두루 씀.
② **책정**(策定) : 계획이나 방책을 세워 결정함.
④ **양육**(養育) : 아이를 보살펴서 자라게 함.
⑤ **부조**(扶助) : 남을 거들어 도와주는 일

9 ④
ⓒ 문제해결능력은 업무수행과정에서 발생된 문제의 원인을 정확하게 파악하고 해결하는 능력이다.
ⓔ 의사소통능력은 타인의 의도를 파악하고 자신의 의사를 정확히 전달하는 능력이다.

10 ④
공공기관의 안내문이라는 점과 첫 문단의 마지막 부분에서 미세먼지의 인체 위해성과 함께 미세먼지를 피하고 미세먼지의 발생을 줄이는 것이 절실하다고 언급한 것을 보아 미세먼지의 예방과 발생 시의 행동요령에 관한 내용이 이어지는 것이 가장 적절하다.

11 ③

'찬성 2'는 두 번째 입론에서 자신이 경험한 사례를 근거로 한식의 세계화를 위해 한식의 표준화가 필요하다는 주장을 하고 있다. 이 주장에 앞서 여러 대안들을 검토한 바 없으므로, 여러 대안들 중 한식의 표준화가 최선의 선택이라는 점을 부각하고 있다는 것은 적절하지 않다.

12 ②

직원정보를 등락, 수정 → 직원정보를 등록, 수정
신규경보 → 신규정보
인력형황 → 인력현황

13 ④

기원－祈願

14 ②

메모
전 직원들에게
Robert Burns로부터
직원회의에 관하여
월요일에 있을 회의 안건에 대하여 모두에게 알리고자 합니다. 회의는 브리핑과 브레인스토밍 섹션으로 구성될 예정입니다. 회의에서 제안할 사무실 재편성에 관한 아이디어를 준비하여 오시기 바랍니다. 회의는 긍정적인 분위기를 유지하기를 원한다는 점을 기억하시기 바랍니다. 우리는 회의에서 여러분이 제안한 그 어떤 아이디어에도 전혀 비판을 하지 않을 것입니다. 모든 직원들이 회의에 참석할 것을 기대합니다.

15 ⑤

다른 내용은 주어진 행사 보고서를 통해 확인할 수 없다. 하지만 행사를 진행했을 때 얻을 수 있는 기대 효과는 '이 운동을 알리고, 기후변화에 대한 인식을 확산하며 탄소 배출량을 감축시키기 위해'라고 본문에 제시되어 있다.

16 ①

A 학생은 영어보다 수학 성적이 더 높다.

17 ④

㈎ : 2018년의 전년대비 증가율＝

$$\frac{1,333}{1,161} \times 100 - 100 = 14.814\cdots$$

㈐ : 2012년의 전년대비 증가율＝

$$\frac{608.4}{550.8} \times 100 - 100 = 10.457\cdots$$

18 ③

민수와 동기가 동시에 10개의 동전을 던졌을 때, 앞면의 개수가 많이 나올 확률은 민수와 동기 모두 같다. 둘이 10개의 동전을 함께 던진 후 동기가 마지막 한 개의 동전을 던졌다고 하면 앞면이 나올 확률은 50%이다. 그러므로 이 게임에서 민수와 동기가 이길 확률은 동일하다.

19 ①

A, B 두 제품의 처음 개수를 각각 x개와 y개라고 하면, 제품 무게의 비는 5:4이고 무게는 동일하므로 $5x = 4y$이다. 또한 각각 20개씩 출고하고 남은 개수는 A가 $x-20$개, B가 $y-20$개이고, 무게 비가 4:5이므로 $5(x-20) : 4(y-20) = 4 : 5$가 성립한다. 두 연립방정식을 풀면 $x = 36$, $y = 45$가 되므로 개수의 합은 $36 + 45 = 81$이다.

20 ②

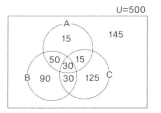

A, B, C 시험에 모두 불합격한 학생은
$500 - (15 + 15 + 50 + 30 + 90 + 30 + 125) = 145$(명)
이다.

21 ④

판매 총액은 판매 가격과 판매량을 곱한 값이다.

판매 가격을 $10+X$라고 하면 판매량은 $360-20X$

판매 총액$=(10+X)\times(360-20X)$

$3,600-200X+360X-20X^2$

$-20X^2+160X+3,600$

$-20(X^2-8X)+3,600=-20(X-4)^2+3,920$

$X=4$일 때 판매 총액은 $3,920$만 원

22 ③

각 계급에 속한 정확한 변량을 알 수 없는 경우 중간 값인 계급값을 사용하여 평균을 구할 수 있다. 따라서 월 평균 대중교통 이용 횟수는 $(10\times10+30\times20+50\times30+70\times x+90\times25+110\times20)\div(10+20+30+x+25+20)=65$이다. 이를 정리하면 $(6650+70x)\div(105+x)=65$이므로 $x=35$가 된다.

23 ③

집에서부터 도서관까지의 거리가 $x$km이므로 편의점에서 도서관까지의 거리는 $x-5$km이다. 이때 편의점까지 10시간이 걸렸으므로 $\dfrac{5}{1}+\dfrac{x-5}{2}=10$이 된다. 방정식의 해를 구하면 $x=15$km이다. 따라서 영희가 집까지 돌아오는데 이동한 거리는 $15\times2=30$km가 된다.

24 ④

처음 설탕물에서 설탕의 양은 $300\times\dfrac{15}{100}=45$g이다.

첨가한 설탕의 양을 xg이라 하면 설탕물의 농도는 $36.25=\dfrac{45+x}{300+x}\times100$이다.

다음 식을 정리하면 $4,500+100x=10,875+36.25x$가 되므로 $x=100$이다.

25 ①

甲 : 사망자가 공무원의 부모이고, 해당 공무원이 2인 이상(직계비속인 C와 D)인 경우이므로 사망한 자를 부양하던 직계비속인 공무원인 D가 사망조위금 최우선 순위 수급권자이다.

乙 : 사망자 C는 공무원의 배우자이자 자녀이다. 해당 공무원이 2인 이상(직계존속인 A와 B, 배우자인 D)인 경우이므로 사망한 자의 배우자인 공무원인 D가 사망조위금 최우선 순위 수급자이다.

丙 : 사망자 A 본인이 공무원인 경우로, 사망조위금 최우선 순위 수급자는 사망한 공무원의 배우자인 B가 된다.

26 ①

냉수의 부하시간대는 정해진 시간대로 양분되어 차등 요금이 적용된다. 따라서 사계절로 구분되는 것은 아니다.

27 ②

계약면적이 있기 때문에 주택용 난방으로 계산한다.

기본요금: $52.4\times100=5,240$ 원

사용요금: $66.23\times500=33,115$ 원

따라서 $5,240+33,115=38,355$원이다.

28 ①

㉠ 2016년부터 2017년에는 발전량과 공급의무율 모두 증가하였으므로 공급의무량 역시 증가하였을 것이다. 2015년과 2016년만 비교해보면 2015년의 공급의무량은 770이고 2016년의 공급의무량은 1,020이므로 2016년의 공급의무량이 더 많다.

㉡ 인증서구입량은 2015년 15GWh에서 2017년에 160GWh로 10배 넘었지만, 같은 기간 자체공급량은 75GWh에서 690GWh로 10배를 넘지 못하였다. 따라서, 자체공급량의 증가율이 인증서구입량의 증가율보다 작다.

㉢ 각 연도별로 공급의무량과 이행량 및 이 둘의 차이를 계산하면

• 공급의무량$=$공급의무율$\times$발전량

−2015년$=55,000\times0.014=770$

−2016년$=51,000\times0.02=1,020$

−2017년$=52,000\times0.03=1,560$

• 이행량$=$자체공급량$+$인증서구입량

−2015년$=75+15=90$

−2016년$=380+70=450$

−2017년$=690+160=850$

- 공급의무량과 이행량의 차이
  - 2015년 = 770 − 90 = 680
  - 2016년 = 1,020 − 450 = 570
  - 2017년1,560 − 850 = 710

  2016년의 경우 전년에 비하여 공급의무량과 이행량의 차이가 감소한다.
- ㉣ 이행량은 자체공급량과 인증서구입량의 합으로 구하므로 이행량에서 자체공급량이 차지하는 비중 대신에 인증서구입량 대비 자체공급량의 배율로 바꾸어 생각해보면

  2015년 = $\frac{75}{15}$ = 5

  2016년 = $\frac{380}{70}$ = 5.4

  2017년 = $\frac{690}{160}$ = 4.3

  2016년에는 값이 5를 초과하지만 2017년에는 5 미만이 된다. 그러므로 2016년에서 2017년으로 갈 때 이행량에서 자체공급량이 차지하는 비중은 2016년에는 증가, 2017에는 감소하였다.

29 ②

첫째 자리에 선이 세 개 있으므로 15, 둘째 자리에는 점이 세 개 있으므로 60이 된다. 따라서 첫째 자리와 둘째 자리를 합한 값인 75를 입력하면 (그림 4)와 같은 결과를 얻을 수 있다.

30 ④

연도별 각 지역의 대형마트 수는 다음과 같다.

지역	2011년	2012년	2013년	2014년
A	13	15	16	15
B	10	11	11	10
C	9	8	9	6
D	8	7	4	6

따라서 2011년 대형마트 수가 가장 많은 지역은 A, 가장 적은 지역은 D이다.

31 ④

A→B, B→C이면 A→C의 관계를 대입해 보면, 무한도전을 좋아하는 사람 −[무], 런닝맨을 좋아하는 사람 −[런], 하하를 좋아하는 사람 −[하], 유재석을 좋아하는 사람 −[유]라고 나타낼 때,

[무→런], [유→무], [런→하]이므로

[유→런(유→무, 무→런)], [무→하(무→런, 런→하)], [유→하(유→무, 무→런, 런→하)]의 관계가 성립한다.

[~하→~무]는 [무→하]의 대우명제이므로 ④가 답이 된다.

32 ②

위 조건을 종합하면 다음과 같다. B는 ㈐회사에 근무하므로 ②는 정답이 아니다.

첫 번째	두 번째	세 번째	네 번째	다섯 번째
D/E	A	B	C	E/D
㈎	㈐	㈑	㈒	㈏

33 ④

새로 만든 Z를 이용하여 기존에 있던 X를 팔기 위해 모든 면에서 X가 더 좋아야한다. 따라서 X의 기능이 더 좋게 제시된 ④가 답이다.

34 ②

甲~戊의 심사기준별 점수를 산정하면 다음과 같다. 단, 丁은 신청마감일(2014. 4. 30.) 현재 전입일부터 6개월 이상의 신청자격을 갖추지 못하였으므로 제외한다.

구분	거주 기간	가족 수	영농 규모	주택 노후도	사업 시급성	총점
甲	10	4	4	8	10	36점
乙	4	8	10	6	10	38점
丙	6	6	8	10	10	40점
戊	8	6	10	8	4	36점

따라서 상위 2가구는 丙과 乙이 되는데, 2가구의 주소지가 B읍·면으로 동일하므로 총점이 더 높은 丙을 지원하고, 나머지 1가구는 甲, 戊의 총점이 동점이므로 가구주의 연령이 더 높은 甲을 지원하게 된다.

35 ③

각 프로젝트의 연도별 소요 예산을 정리하면 다음과 같다.

				1	2	3	4	5
A	1	4						
B	15	18	21					
C	15							
D	15	8						
E	6	12	24					
				20	24	28	35	40

B, E 프로젝트의 기간은 3년이므로 가장 길다. 그러므로 가용 예산을 초과하지 않도록 하기 위해서는 3년 차에 시작하여야 한다. B 프로젝트는 1년 또는 2년 차에 시작할 수 있으나 E 프로젝트의 예산을 따져보면 2년 차에 시작하여야 한다.

				1	2	3	4	5
A	1	4			1	4		
B	15	18	21		15	18	21	
C	15							15
D	15	8		15	8			
E	6	12	24			6	12	24
				20	24	28	35	40

36 ①

㈐ 대표성을 확보하기 위해 우리나라 남녀 비율이 아닌 A회사의 남녀 비율을 고려하여 선정하는 것이 적절하다.

㈑ 참가자는 무작위로 선정한 것이 아니라 시음회의 참여를 원하는 직원을 대상으로 선정하였기 때문에 전체 직원에 대한 대표성이 확보되었다고 보기 어렵다.

37 ④

④ 실태조사를 위해선 대화의 방법, 횟수, 시간, 중요성 등을 조사하여야 한다.

38 ④

	甲	乙	丙	丁
A	1		7	
B		2		8
C	9		3	
D		10		4
E	5		11	
F		6		12

다음 표에서 알 수 있듯이 6명과 4명의 최소공배수인 12일까지 아래와 같은 조를 이루어 당직 근무를 서고 13일째부터 다시 같은 조가 반복하게 된다. 따라서 D −丙 조합은 함께 근무를 설 수 없다.

39 ③

주어진 조건들을 종합하면 A는 파란색 옷 입은 의사, B는 초록색 옷을 입은 선생님, C는 검은색 옷을 입은 외교관, D는 갈색 옷을 입은 경찰이므로 회장의 직업은 경찰이고, 부회장의 직업은 의사이다.

	외교관, 검정 C ↓ ↑ D 경찰, 갈색	의사, 파랑 A ↓ ↑ B 선생님, 초록
창 가		

40 ⑤

지역가입자 중 공적소득이 많은 것으로 인정되는 자는 생업 목적에 해당하는 근로를 제공한다고 보지 않으므로 근로자에서 제외된다.

① 건설일용근로자는 1개월간 근로일수가 20일 이상인 경우에 사업장 가입자 신고대상이 된다.

② '소득 있는 업무 종사자'가 되므로 조기노령연금 수급권자인 경우에는 다시 사업장 가입자로 신고할 수 있다.

③ 대학 시간강사의 경우 월 60시간 미만인 자로서 생업목적으로 3개월 이상 근로를 제공하기로 한 경우에 신고대상에 해당된다.

④ 신고를 하지 않는 경우 근로자의 청구 또는 공단 직권으로 확인 시 근로자의 신고절차 없이 자격취득 신고대상이 된다고 규정되어 있다.

41 ②

대학 시간강사의 경우, 1개월의 근로시간이 50시간(60시간 미만)이더라도 생업을 목적으로 3개월 이상의 근로를 제공하게 되면, '근로자에서 제외되는 자'의 조건에서 제외되므로 근로자가 되어 사업장 가입자 자격 취득 신고대상이 된다.

① 2016년에 시행된 규정에 의해 둘 이상 사업장에 근로를 제공하면서 각 사업장의 1개월 소정근로시간의 합이 60시간 이상인 사람으로서 1개월 소정 근로시간이 60시간 미만인 사업장에서 근로자로 적용되기를 희망하는 자는 근로자에서 제외되므로 신고대상에서 제외된다.

③ 일용근로자 또는 1개월 미만의 기한을 정하여 사용되는 근로자에 해당되므로 '근로자'의 개념에서 제외되어 신고대상에서 제외된다.

④ 소득이 발생하지 않는 법인의 이사이므로 근로자에서 제외되어 신고대상에서 제외된다.

⑤ 4개월의 근로계약을 맺었으나, 1개월 동안의 소정 근로시간이 60시간 미만인 단시간근로자에 해당되므로 '근로자'의 개념에서 제외되어 신고대상에서 제외된다.

42 ②

문제를 해결하기 위해 문제 인식(②) - 문제 도출(⑤) - 원인 분석(①) - 해결안 개발(④) - 실행 및 평가(③)의 5단계를 거쳐야한다.

43 ①

후쿠오카공항(K13)역에서 나카스카와바타(K09)역까지 4개 역을 이동하는 데 12분이 걸리고, 공항선에서 하코자키선으로 환승하는 데 10분, 나카스카와바타(H01)역에서 지요겐초구치(H03)역까지 2개 역을 이동하는 데 6분이 걸린다. 따라서 후쿠오카공항(K13)역에서 오전 9시에 출발할 경우, 지요겐초구치(H03)역에는 28분 후인 9시 28분에 도착한다.

44 ②

지요겐초구치(H03) → 무로미(K02) → 후쿠오카공항(K13) → 자야미(N09) → 덴진미나미(N16)의 순으로 움직인다면, H03역에서 K02역으로 이동 할 때 1번, K02역에서 K13역으로 이동할 때 1번, K13역에서 N09역으로 이동할 때 1번으로, 총 3번 덴진(K08)역을 지난다.

45 ④

① 2호 ② 6호 ③ 4호 ⑤ 7호

46 ④

콜센터를 포함하면 11개의 팀으로 구성되어 있다.

47 ⑤

제품의 생산 기술력이 공개되어 있고 특별한 노하우가 필요하지 않다는 점, 브랜드 이미지나 생산업체의 우수성 등이 중요한 마케팅 요소로 작용되지 않는다는 점 등으로 인해 기술적 차별화를 이루기 어려우며, 모든 대중들에게 계층 구분 없이 같은 제품이 보급되어 쓰이고 있는 소모품이라는 점 등으로 인해 일부 특정 시장을 겨냥한 집중화 전략이 적절하다고 볼 수 없다. 이 경우, 원자재 구매력 향상이나 유통 단계 효율화 등을 통한 원가우위 전략이 효과적이다.

48 ②

- **조직목표** : 조직이 달성하려는 장래의 상태로 조직이 존재하는 정당성과 합법성을 제공한다.
- **조직구조** : 조직 내의 구성원들 사이에 형성된 관계로 조직목표를 달성하기 위한 조직구성원의 상호작용을 보여준다.
- **조직문화** : 조직이 지속되게 되면서 조직구성원들 간에 공유되는 생활양식이나 가치로 조직구성원들의 사고와 행동에 영향을 미치며 일체감과 정체성을 부여하고 조직이 안정적으로 유지되게 한다.
- **조직의 규칙과 규정** : 조직의 목표나 전략에 따라 수립되어 조직구성원들의 활동범위를 제약하고 일관성을 부여하는 기능을 하는 것으로 인사규정, 총무규정, 회계규정 등이 있다.

49 ②

제시된 그림의 조직구조는 기능적 조직구조의 형태를 갖는다. 환경이 안정적이거나 일상적인 기술, 조직의 내부 효율성을 중요시하며 기업의 규모가 작을 때에는 업무의 내용이 유사하고 관련성이 있는 것들을 결합해서 제시된 그림과 같이 '기능적 조직구조' 형태를 이룬다. 또한, 급변하는 환경변화에 효과적으로 대응하고 제품, 지역, 고객별 차이에 신속하게 적응하기 위해 분권화된 의사결정이 가능한 '사업별 조직구조' 형태를 이룰 필요가 있다. 사업별 조직구조는 개별 제품, 서비스, 제품그룹, 주요 프로젝트나 프로그램 등에 따라 조직화되며 제품에 따라 조직이 구성되고 각 사업별 구조 아래 생산, 판매, 회계 등의 역할이 이루어진다. 한편, 업무적 중요도나 경영의 방향 등의 요소를 배제하고 단순히 산하 조직 수의 많고 적음으로 해당 조직의 장의 권한이 결정된다고 볼 수 없다.

50 ①

인사노무처는 인력을 관리하고, 급여, 노사관리 등의 지원 업무가 주 활동이므로 지원본부, 자원기술처는 생산기술이나 자원 개발 등에 관한 기술적 노하우 등 자원 활용기술 업무가 주 활동이라고 판단할 수 있으므로 기술본부에 속하는 것이 가장 합리적인 조직 배치라고 할 수 있다.

제3회 정답 및 해설

1 ②

② 제1조 ⑤에 따르면 당사자의 신문이 쟁점과 관계가 없는 때, 재판장은 당사자의 신문을 제한할 수 있다.

① 제1조 ③에 따르면 재판장은 제1항과 제2항의 규정에 불구하고 언제든지 신문할 수 있다.

③ 제1조 ④에 따르면 재판장은 당사자의 의견을 들어 제1항과 제2항의 규정에 따른 신문의 순서를 바꿀 수 있다. 따라서 B와 C가 아닌 甲과 乙의 의견을 들어야 한다.

④ 제3조에 따르면 증인 서로의 대질을 명할 수 있는 것은 재판장 A이다.

⑤ 제4조에 따르면 서류에 의해 진술하려면 재판장 A의 허가가 필요하다.

2 ①

② 참석자 전원이 오지 않은 것인지, 참석자 모두가 다 온 것은 아닌지 불분명하다.

③ 서연이와 민준이가 부부가 된 것인지, 각각 다른 사람과 결혼을 한 것인지 불분명하다.

④ 주하가 모자를 쓰고 있는 상태인지, 모자를 쓰는 동작을 한 것인지 불분명하다.

⑤ 내가 소희와 주은이 두 사람을 만난 것인지, 나와 소희가 주은이를 만나러 간 것인지 불분명하다.

3 ③

흡습형태변형은 한쪽 면에 있는 세포의 길이가 반대쪽 면에 있는 세포에 비해 습도에 민감하게 변하여, 습도가 낮아져 세포 길이가 짧아지면 그쪽 면을 향해 휘어지는 것을 의미한다고 언급되어 있다. 따라서 등에 땀이 나면 세포 길이가 더 짧은 바깥쪽으로 옷이 휘어지게 되므로 등 쪽 면에 공간이 생기게 되는 원리를 이용한 것임을 알 수 있다.

4 ②

A가 잠을 자지 않아 결국 공부를 포기했으며, 그러한 상태가 지속될 경우 일어날 수 있는 부정적인 결과를 나열함으로써 잠이 우리에게 꼭 필요한 것임을 강조하고 있다.

5 ②

효과적인 수면의 중요성을 말하기 위하여, 역사상 잠을 안 잔 것으로 유명한 나폴레옹이나 에디슨도 진짜로 잠을 안 잔 것이 아니라, 효과적으로 수면을 취했음을 예로 제시하고 있다. 나폴레옹은 말안장 위에서도 잤고, 에디슨은 친구와 말을 하면서도 잠을 잤다는 내용이다.

6 ④

'빽빽하고', '박탈', '중죄인', '과연' 등은 낱말의 뜻을 알아야 하는 것이기 때문에 사전(辭典)을 이용해야 한다. 반면에 '워털루 전투'는 역사적인 사건이기 때문에 역사 사전과 같은 사전(事典)을 활용하여 구체적인 정보를 얻는 것이 알맞다.

7 ③

의료 서비스 시장에서는 의료 행위를 하기 위한 자격이 필요하고, 환자가 만족할 만한 수준의 병원을 설립하는 데 비용이 많이 들어 의사와 병원의 수가 적어 소비자의 선택의 폭이 좁다고 하였다.

8 ④

질박과 소박은 '꾸밈없이 수수하다'의 의미를 가진 유의어 관계에 있다. 조악은 '거칠고 나쁘다'의 어근이며 정밀과 반의어 관계이다.

9 ②

업무상 이루어지는 공적인 대화에는 가급적 필기를 하는 습관을 들이는 것이 바람직하다. 필기는 집중력을 떨어뜨리기보다 오히려 상대방의 의사를 다시 한 번 검토하여 오해와 왜곡을 방지할 수 있고, 상대방의 이야기를 적극적으로 듣고 있다는 경청의 신호이기도 하다.

10 ③

③ 의사소통은 기계적인 정보 전달 이상의 것이다. 따라서 정보의 전달에만 치중하기보다는 서로 다른 이해와 의미를 가지고 있는 사람들이 공유할 수 있는 의미와 이해를 만들기 위해 상호 노력하는 과정으로 이해해야 한다.

11 ②

김 씨는 메모를 하는 습관을 길러 자신의 부족함을 메우고 자신만의 데이터베이스를 구축하여 모두에게 인정을 받게 되었다.

12 ④

본인 확인에 필요한 생년월일 등 인적 사항은 필기시험과 종합면접 시 확인을 위해 알아야 할 필요가 있다고 언급되어 있지만 본인 확인 절차 후 면접관들에게는 블라인드 처리가 된다.

13 ②

② 다른 나라에 진출한 타 기업 수 현황 자료는 '다른 나라와의 경제적 연대 증진'이라는 해외 시장 진출의 의의를 뒷받침하는 근거 자료로 적합하지 않다.

14 ②

첫 문단 마지막에 '그렇다면 윤리적 채식주의 관점에서 볼 때, 육식의 윤리적 문제점은 무엇인가?'라는 문장을 통해 앞을 말하고자 하는 중심 내용을 밝히고 있다.

15 ④

생태론적 관점은 지구의 모든 생명체들이 서로 유기적으로 연결되어 존재한다고 보는 입장이다. 따라서 하나의 유기체로서 지구 생명체에 대한 유익성 여부를 도덕성 판단 기준으로 보아야 하므로, 생태론적 관점을 지닌 사람들은 바이오 연료를 유해한 것으로 판단할 것이다.

16 ②

문자를 숫자로 변환하여 생각해보면 다음과 같이 M(13)을 시작으로 2씩 줄면서 변하는 것을 확인 할 수 있다. 따라서 빈칸은 K(11)에서 2가 줄어든 9를 나타내는 문자인 'I'가 들어가야 한다.

7	9	11	13
5	13	15	17
3	11	→9	19
1	25	23	21

17 ③

주사위를 한 번 던졌을 때 4이상의 숫자가 나올 확률:
$\dfrac{3}{6} = \dfrac{1}{2}$

주사위를 3번 던졌으므로 3번 모두 4이상의 숫자가 나올 확률은 $\dfrac{1}{2} \times \dfrac{1}{2} \times \dfrac{1}{2} = \dfrac{1}{8}$ 이다.

18 ④

사진 6장에 추가하여 뽑는 사진의 수를 x라 하면

$\dfrac{4,000 + 200x}{6 + x} \le 400$

$\Rightarrow 4,000 + 200x \le 400 \times (6 + x)$

$\Rightarrow 4,000 + 200x \le 2,400 + 400x \Rightarrow 8 \le x$

따라서 (6 + 8 =)14장 이상을 뽑으면 사진 한 장의 가격이 400원 이하가 된다.

19 ④

2017년 강도와 살인의 발생건수 합은

$5,753 + 132 = 5,885$건으로 4대 범죄 발생건수의 26.4%

$\left(\dfrac{5,885}{22,310} \times 100 = 26.37\right)$를 차지하고 검거건수의 합은

$5,481 + 122 = 5,603$건으로 4대 범죄 검거건수의

28.3%$\left(\dfrac{5,603}{19,771} \times 100 = 28.3\right)$를 차지한다.

① 2014년 인구 10만 명당 발생건수는

$\dfrac{18,258}{49,346} \times 100 = 36.99 ≒ 37$이므로 매년 증가한다.

② 발생건수와 검거건수가 가장 적게 증가한 연도는 2016년으로 동일하다. 발생건수 증가율은 2015년 6.8%, 2016년 0.9%, 2017년 13.4%, 검거건수 증가율은 2015년 1.73%, 2016년 1.38%, 2017년 18.9%이다.

③ 2017년 발생건수 대비 검거건수 비율이 가장 낮은 범죄 유형의 발생건수는 강도 95%, 살인 92%, 정도 85%, 방화 99%에서 절도이다. 2017년 4대 범죄 유형별 발생건수 총 22,310건이고 60%는 13,386건이 된다. 절도의 발생건수는 14,778건이므로 60%가 넘는다.

⑤ 2017년 범죄 발생건수 중 방화가 차지하는 비율은 7.4%이고, 2017년 검거건수 중 방화가 차지하는 비율은 8.3%로 약 0.9% 차이가 난다.

20 ④

금리가 지속적으로 하락하면 대출시 고정 금리보다 변동 금리를 선택하는 것이 유리하다.

㉠㉡ 요구불 예금의 금리와 예대 마진은 지속적으로 증가하지 않는다.

21 ⑤

중복으로 투표한 사람이 없기 때문에 25%(지하철) + 50%(버스+지하철) = 75%가 된다.

22 ②

오존의 평균 : $(0.021 + 0.009 + 0.003 + 0.021 + 0.022 + 0.007 + 0.022)/7 = 0.015$

이산화질소의 평균 : $(0.025 + 0.030 + 0.027 + 0.019 + 0.016 + 0.021 + 0.023)/7 = 0.023$

일산화탄소 평균 : $(0.5 + 0.4 + 0.6 + 0.7 + 0.5 + 0.4 + 0.4)/7 = 0.5$

아황산가스 평균 : $(0.003 + 0.003 + 0.003 + 0.002 + 0.002 + 0.005 + 0.003)/7 = 0.003$

첫 번째 보기→B, C, F는 대구, 부산, 울산 인 것을 알 수 있다.

두 번째 보기→G가 경기인 것을 알 수 있다.

세 번째 보기→A, E가 광주, 서울 인 것을 알 수 있다.

네 번째 보기→D, E, F는 광주, 인천, 울산 인 것을 알 수 있다.

겹치는 부분을 확인하여 정리하면 A(서울), B(부산), C(대구), D(인천), E(광주), F(울산), G(경기)가 된다.

23 ①

$x = 667.6 - (568.9 + 62.6 + 22.1) = 14.0$

24 ④

① 2007년 : $\dfrac{591.4 - 575.3}{575.3} \times 100 ≒ 2.8(\%)$

② 2008년 : $\dfrac{605.4 - 591.4}{591.4} \times 100 ≒ 2.4(\%)$

③ 2009년 : $\dfrac{609.2 - 605.4}{605.4} \times 100 ≒ 0.6(\%)$

④ 2010년 : $\dfrac{667.8 - 609.2}{609.2} \times 100 ≒ 9.6(\%)$

⑤ 2011년 : $\dfrac{697.7 - 667.8}{667.8} \times 100 ≒ 4.5(\%)$

25 ④

의원에서 진료 받은 전체 환자 수는 총 206명이다. 이 중 X, Y, Z대학병원에서 진료 받은 환자의 수는 각각 $25 + 17 + 20 = 62$명, $18 + 22 + 30 = 70$명, $22 + 28 + 24 = 74$명이다. 따라서 각 대학병원에서 진료 받은 비율은 $62 \div 206 \times 100 = 30.09 \rightarrow 30.1\%$, $70 \div 206 \times 100 = 33.98 \rightarrow 34.0\%$, $74 \div 206 \times 100 = 35.92 \rightarrow 35.9\%$가 된다.

26 ④

거리＝시간×속력

총 7시간 중 2시간을 제외한 5시간이 이동 시간이다.

서울에서 부산까지 거리를 x 라고 하면 $5 = \dfrac{x}{5} + \dfrac{x}{8}$ 이

므로 $x = 15.38 \cdots \rightarrow$ 약 15.4km가 된다.

27 ②

을은 뒷면을 가공한 이후 갑의 앞면 가공이 끝날 때까지 5분을 기다려야 한다.

뒷면 가공 15분→5분 기다림→앞면 가공 20분→조립 5분

총 45분이 걸리고, 유휴 시간은 기다린 시간인 5분이 된다.

28 ④

완성품 납품 개수는 30＋20＋30＋20으로 총 100개이다.

완성품 1개당 부품 A는 10개가 필요하므로 총 1,000개가 필요하고, B는 300개, C는 500개가 필요하다.

이때 각 부품의 재고 수량에서 부품 A는 500개를 가지고 있으므로 필요한 1,000개에서 가지고 있는 500개를 빼면 500개의 부품을 주문해야 한다.

부품 B는 120개를 가지고 있으므로 필요한 300개에서 가지고 있는 120개를 빼면 180개를 주문해야 하며, 부품 C는 250개를 가지고 있으므로 필요한 500개에서 가지고 있는 250개를 빼면 250개를 주문해야 한다.

29 ③

재고 수량에 따라 완성품을 A 부품으로는 $100 \div 2 = 50$ 개, B 부품으로는 $300 \div 3 = 100$ 개, C 부품으로는 $2,000 \div 20 = 100$ 개, D 부품으로는 $150 \div 1 = 150$ 개까지 만들 수 있다.

완성품은 A, B, C, D가 모두 조립되어야 하므로 50개만 만들 수 있다.

완성품 1개당 소요 비용은 완성품 1개당 소요량과 단가의 곱으로 구하면 되므로 A 부품 $2 \times 50 = 100$ 원, B 부품 $3 \times 100 = 300$ 원, C 부품 $20 \times 10 = 200$ 원, D 부품 $1 \times 400 = 400$ 원이다.

이를 모두 합하면 $100 + 300 + 200 + 400 = 1,000$ 원이 된다.

30 ⑤

각 도시별 자동차 대수를 구해보면 자동차 대수의 단위가 1,000명이므로 10을 곱하여 만 명당 대수로 변환하게 계산을 하면 된다.

A : $100 \times 2,000 = 200,000$

B : $70 \times 1,500 = 105,000$

C : $50 \times 4,500 = 225,000$

D : $40 \times 3,000 = 120,000$

E : $50 \times 5,000 = 250,000$

31 ①

5층	무	병	무	병
4층	을	을	갑	갑
3층	병	무	병	무
2층	갑	갑	을	을
1층	정			

32 ③

고객이 원하는 3기가 이상의 인터넷과 1회 컬러링이 부가된 것은 55요금제이다.

33 ③

55요금제는 매월 3기가의 인터넷과 120분의 통화, 1회의 컬러링이 무료로 사용할 수 있다.

34 ④

13D에서 1은 16^2 의 자리를 나타내며, 3은 16^1 의 자리를 나타내고, D는 16^0 의 자리를 나타낸다. 따라서 계산하면 $16^2 \times 1 + 16^1 \times 3 + 16^0 \times 13 = 317$ 이 된다.

35 ③

1	2	3	4
갑, 을	무	병	정
갑, 을	무	정	병
갑, 을	병	무	정
갑, 을	정	무	병

36 ②

실제 전투능력을 정리하면 경찰(3), 헌터(4), 의사(2), 사무라이(8), 폭파전문가(2)이다.

이를 토대로 탈출 통로의 좀비수와 처치 가능 좀비수를 계산해 보면

㉠ 동쪽 통로 11마리 좀비 : 폭파전문가(2), 사무라이(8) → 10마리의 좀비를 처치 가능

㉡ 서쪽 통로 7마리 좀비 : 헌터(4), 경찰(3) → 7마리의 좀비 모두 처치 가능

㉢ 남쪽 통로 11마리 좀비 : 헌터(4), 폭파전문가(2) → 6마리의 좀비 처치 가능

㉣ 북쪽 통로 9마리 좀비 : 경찰(3), 의사(2)-전투력강화제(1) → 6마리의 좀비 처치 가능

㉤ 남쪽 통로 11마리 좀비 : 사무라이(8), 폭파전문가(2) → 10마리의 좀비 처치 가능

37 ④

G국가는 물 사용량이 가장 많으나 water footprint 대비 internal water footprint의 비율이 매우 높아 물 수입률이 약 1.6%로 가장 낮은 국가임을 알 수 있다.

38 ④

정보를 통해 정리해 보면 다음과 같다.

G → D → E → A → C → B → F

39 ①

금요일에는 제육덮밥이 편성된다. 목요일에는 오므라이스를 편성할 수 없고, 다섯 번째 조건에 의해 나물 비빔밥도 편성할 수 없다. 따라서 목요일에는 돈가스 정식 또는 크림 파스타가 편성되어야 한다. 마지막 조건과 두 번째 조건에 의해 돈가스 정식은 월요일, 목요일에도 편성할 수 없으므로 돈가스 정식은 화요일에 편성된다. 따라서 목요일에는 크림 파스타, 월요일에는 나물 비빔밥이 편성된다.

40 ②

외환위기 이후 인구증가율이 노동자 증가율보다 낮으므로 인구 대비 노동자 비중은 증가하였다. GDP 증가율은 1인당 GDP 증가율과 인구증가율을 더한 것이므로 인구증가율의 하락은 GDP 증가율을 낮추는 요인이 된다. 외환위기 이후 국내총생산 증가율 하락에 가장 큰 영향을 미친 것은 노동자 1인당 자본스톡 증가율 하락이며, 이는 투자율이 하락한 데 기인한다.

41 ④

'안정적 자금 공급'이 자사의 강점이기 때문에 '안정적인 자금 확보를 위한 자본구조 개선'는 향후 해결해야 할 과제에 속하지 않는다.

42 ③

임직원 출장비, 여비관련 업무와 조경 및 조경시설물 유지보수 등의 업무는 일반적으로 총무부(팀) 또는 업무지원부(팀)의 고유 업무 영역으로 볼 수 없다.

제시된 것 이외의 대표적인 인사 및 인재개발 업무 영역으로는 채용, 배치 ,승진, 교육, 퇴직 등 인사관리와 인사평가, 급여, 복지후생 관련 업무 등이 있다.

43 ①

법인카드 사용의 경우이므로 문서의 명칭은 예산사용계획서가 된다. 또한 규정상 부사장의 전결 사항이므로 최고결재권자는 부사장이 된다. 따라서 결재란에 '전결'이라고 쓴 후 본래의 최고결재권자인 사장 결재란에 '부사장'을 기입하여야 한다. 결재가 불필요한 사람은 없으므로 상향대각선은 사용하지 않는다.

44 ①

㉠ 1번째 종목과 2번째 종목의 승점이 각각 10점, 20점이라면 8번째 종목까지의 승점은 다음과 같다.

종목	1	2	3	4	5	6	7	8
승점	10	20	40	80	160	320	640	1,280

㉡ 1번째 종목과 2번째 종목의 승점이 각각 100점, 200점이라면 8번째 종목의 승점은 다음과 같다

종목	1	2	3	4	5	6	7	8
승점	100	200	310	620	1,240	2,480	4,960	9,920

㉢ ㉠㉡을 참고하면 1번째 종목과 2번째 종목의 승점에 상관없이 8번째 종목의 승점은 6번째 종목 승점의 네 배이다.

㉣ 만약 3번째 종목부터 각 종목 우승 시 받는 승점이 그 이전 종목들의 승점을 모두 합한 점수보다 10점 더 적도록 구성한다면, 8번째 종목까지의 승점은 다음과 같다.

종목	1	2	3	4	5	6	7	8
승점	10	20	20	40	80	160	320	640

종목	1	2	3	4	5	6	7	8
승점	100	200	290	580	1,160	2,320	4,640	9,280

45 ①

① 乙과 甲, 乙과 丙이 '동갑' 관계이고 甲과 丙이 '위아래' 관계이므로 甲, 乙, 丙의 관계는 '모호'하다.

46 ④

부사장 직속은 4개의 본부와 1개의 부문으로 구성되어 있다.

47 ②

차별화 전략은 조직이 생산품이나 서비스를 차별화하여 고객에게 가치가 있고 독특하게 인식되도록 하는 전략이다. 차별화 전략을 활용하기 위해 연구개발이나 광고를 통해 기술, 품질, 서비스, 브랜드 이미지를 개선할 필요가 있다.

48 ④

송상현 사원의 1/4분기 복지 지원 사유는 장모상이었다. 이는 본인/가족의 경조사에 포함되므로 경조사 지원에 포함되어야 한다.

49 ①

레드오션은 경쟁을 목표로 하고, 존재하는 소비자와 현존하는 시장에 초점(시장경쟁전략)을 맞춘 반면, 블루오션은 비 고객에게 초점(시장창조전략)을 맞추고 새로운 수요를 창출하고자 한다.

50 ⑤

이란에서 노란색 꽃은 적대감을 표시한다.